SV

Band 1018 der Bibliothek Suhrkamp

Peter Huchel (1903-1981) zählt zu den bedeutendsten deutschen Lyrikern der Gegenwart. Die Auswahl aus dem Gesamtwerk zeichnet den Weg des Dichters durch fünf Jahrzehnte nach – von der geschlossenen zur offenen Form, vom freigebig benutzten zum extrem verknappten Bild. »Das Jahr ist Winter, der Tag ist Nacht, die Luft ist Regen, die Sonne ist staubig, der Vogel die Krähe, die Erde der Sand, der Sand öde ... Wohin er sieht, offenbart sich ihm, was der Prediger Salomo gesehen hat. Huchel ist kein Prediger. Seinen Beruf erfaßte man einst unter dem Begriff des ›Sängers‹. Dieser hier, behaust in der Zone des Schmerzes, singt ›mit der Distel im Mund‹.«
Peter Wapnewski

Peter Huchel
Gedichte

Auswahl und Nachwort
von Peter Wapnewski

Suhrkamp Verlag

Erweiterte Ausgabe des 1973 unter dem Titel *Ausgewählte Gedichte* erschienenen Bandes 345 der Bibliothek Suhrkamp

Erste Auflage 2017
Suhrkamp Verlag Berlin

Umschlag: Willy Fleckhaus
Satz: MZ-Verlagsdruckerei GmbH, Memmingen
Printed in Germany
ISBN 978-3-518-24079-3

I

Gedichte aus den Jahren 1925-1947

Kindheit in Alt-Langerwisch

Kindheit, o blühende Zauch,
wo wir im nußweißen Tag,
klein im Holunderrauch
waren den Hummeln nach.

Vor uns die Wolken schön
liefen wie jappende Doggen.
Dengeln und Wetzsteingetön
herrschten im Roggen.

Mund und Tasche war froh,
wenn ich ins Kellerloch kroch,
wo es unten nach Winterstroh,
Nüssen und Äpfeln roch.

Barfuß im Sauerampfer
lief ich zum Brombeertische,
Weide, der morsche Zaun
warf mich in Brennesselbüsche.

Abends die Pumpe schrie,
drämmernde Eimer füllte.
Groß an der Tränke das Vieh
stampfte und brüllte.

Nacht kroch an, von Spinnen bewohnt,
blakte das weiße Stallicht aus.
Und wir huschten grau im Mond
noch mit Hund und Fledermaus.

Hörten den Knecht beschwören die Kuh,
Kranke von Schierling und Klee:
Milch, blaue Milch, Satansmilch du,
im Namen des Vaters vergeh!

Seufzte am Maul der Kühe das Heu,
Gott, wie schliefen im Schlafe wir treu,
nachts im strohwarmen Bette.

Und die Träume flogen wie Spreu,
warfen ins Haar die duftende Klette.

Herkunft

Daß ich kam im Schattenwind,
weiß davon das Haus?
Birnen duften mürb im Spind
alten Sommer aus.
Wo der Flegel sausend drosch,
fliegt das Korn zuhauf.
Wo am Bett das Öl erlosch,
liegt das Laken auf.

Als ich mit verharztem Haar
in die Kiefern kroch,
klangen laut vom Schwalbenjahr
Dach und Kammer noch.
Nachtgeläut umweht das Haus.
Und durchs kalte Tor
gehn die Freunde still hinaus,
die ich längst verlor.

Und der Kesselflicker auch,
der am Feuer saß,
hämmernd und im Küchenrauch,
den ich lang vergaß,
vor mir hockt er krumm und alt
und zigeunerisch,
kam nachts aus dem Krähenwald,
suchte Herd und Tisch.

Eh die Magd die Vesper bot
und vom Brotlaib schnitt,
ritzte sie das Kreuz ins Brot,
gab den Glauben mit.
Wenn es grün am Himmel tagt,
ob sie feldwärts eilt,
dienend noch, die graue Magd?
Weiß ich, wo sie weilt?

Und der Knecht, der grübelnd sann,
war der Tag kaum hell,
forschend, was die Spinne spann,
lief im Netz sie schnell,
seilte sie die Fäden fest,
zog ein Sturm herauf,
Regen blieb lang im Geäst,
war sie träg im Lauf.

Alle leben noch im Haus:
Freunde, wer ist tot?
Euern Krug trink ich noch aus,
esse euer Brot.
Und durch Frost und Dunkelheit
geht ihr schützend mit.
Wenn es auf die Steine schneit,
hör ich euern Schritt.

Wendische Heide

Wendische Heide, weißes Feuer,
du Bütte Gold und Mittagsspuk,
die Grille huschte, schrillte scheuer
am Stein, der keinen Schatten trug.

Uralter Hirt, dein Volk zu hüten,
gingst du im Staub der Herde nach,
die lautlos zog, wo Wacken glühten
im öden Halmfeld heiß und brach.

Moosgrünes Fenn und Erlenruten,
der Bach, die letzte Tränke kam,
und weithin gelbe Ginstergluten,
wo stachlig hing der schwarze Bram.

Umkreist vom Hund, beschirmt von Widdern
sah ich die Herde weidend ziehn,
krummhörnig und in Feuern zittern
und Lämmer müd am Wege knien.

Verstreutes Volk in großer Helle,
erscholl nicht geisterhaft Gesang?
Umklirrt von leiser Widderschelle
stand einsam dort der Hirt am Hang.

Die Magd

Wenn laut die schwarzen Hähne krähn,
vom Dorf her Rauch und Klöppel wehn,
rauscht ins Geläut rehbraun der Wald,
ruft mich die Magd, die Vesper hallt.

Klaubholz hat sie im Wald geknackt,
die Kiepe mit Kienzapf gepackt.
Sie hockt mich auf und schürzt sich kurz,
schwankt barfuß durch den Stoppelsturz.

Im Acker knarrt die späte Fuhr.
Die Nacht pecht schwarz die Wagenspur.
Die Geiß, die zottig mit uns streift,
im Bärlapp voll die Zitze schleift.

Ein Nußblatt wegs die Magd zerreibt,
daß grün der Duft im Haar mir bleibt.
Riedgras saust grau, Beifuß und Kolk.
Im Dorf kruht müd das Hühnervolk.

Schon klinkt sie auf das dunkle Tor.
Wir tappen in die Kammer vor,
wo mir die Magd, eh sie sich labt,
das Brot brockt und den Apfel schabt.

Ich frier, nimm mich ins Schultertuch.
Warm schlaf ich da im Milchgeruch.
Die Magd ist mehr als Mutter noch.
Sie kocht mir Brei im Kachelloch.

Wenn sie mich kämmt, den Brei durchsiebt,
die Kruke heiß ins Bett mir schiebt,
schlägt laut mein Herz und ist bewohnt
ganz von der Magd im vollen Mond.

Sie wärmt mein Hemd, küßt mein Gesicht
und strickt weiß im Petroleumlicht.
Ihr Strickzeug klirrt und blitzt dabei,
sie murmelt leis Wahrsagerei.

Im Stroh die schwarzen Hähne krähn.
Im Tischkreis Salz und Brot verwehn.
Der Docht verraucht, die Uhr schlägt alt.
Und rehbraun rauscht im Schlaf der Wald.

1926

Der polnische Schnitter

Klag nicht, goldäugige Unke,
im algigen Wasser des Teichs.
Wie eine große Muschel
rauscht der Himmel nachts.
Sein Rauschen ruft mich heim.

Geschultert die Sense
geh ich hinab die helle Chaussee,
umheult von Hunden,
vorbei an rußiger Schmiede,
wo dunkel der Amboß schläft.

Draußen am Vorwerk
schwimmen die Pappeln
im milchigen Licht des Mondes.
Noch atmen die Felder heiß
im Schrei der Grillen.

O Feuer der Erde,
mein Herz hält andere Glut.
Acker um Acker mähte ich,
kein Halm war mein eigen.

Herbststürme, weht!
Auf leeren Böden
werden die hungrigen Schläfer wach.
Ich geh nicht allein
die helle Chaussee.

Am Rand der Nacht
schimmern die Sterne
wie Korn auf der Tenne,
kehre ich heim ins östliche Land,
in die Röte des Morgens.

Caputher Heuweg

Wo bin ich? Hier lag einst die Schoberstange.
Und schüttelnd die Mähne auf Leine und Kummet
graste die Stute am wiesigen Hange.
Denn Mittag wars. Bei Steintopf und Krug
ruhten die Mäher müde im Grummet.

Am Waldrand, wo schackernd die Elstern schrien,
stand halb in der Erde ein Mann und schlug
mit Axt und Keil aus Stubben den Kien.
Wann war dieser Sommer? Ich weiß es nicht mehr.
Doch fahren sie Grummet, der Sommer weht her
vom Heuweg der Kindheit, wo ich einst saß,
das Schicksal erwartend im hohen Gras,
den alten Zigeuner, um mit ihm zu ziehn.

Damals

Damals ging noch am Abend der Wind
mit starken Schultern rüttelnd ums Haus.
Das Laub der Linde sprach mit dem Kind,
das Gras sandte seine Seele aus.
Sterne haben den Sommer bewacht
am Rand der Hügel, wo ich gewohnt:
Mein war die katzenäugige Nacht,
die Grille, die unter der Schwelle schrie.
Mein war im Ginster die heilige Schlange
mit ihren Schläfen aus milchigem Mond.
Im Hoftor manchmal das Dunkel heulte,
der Hund schlug an, ich lauschte lange
den Stimmen im Sturm und lehnte am Knie
der schweigsam hockenden Klettenmarie,
die in der Küche Wolle knäulte.
Und wenn ihr grauer schläfernder Blick mich traf,
durchwehte die Mauer des Hauses der Schlaf.

Der Knabenteich

Wenn heißer die Libellenblitze
im gelben Schilf des Mittags sprühn,
im Nixengrün der Entengrütze
die stillen Wasser seichter blühn,
hebt er den Hamen in die Höhe,
der Knabe, der auf Kalmus blies,
und fängt die Brut der Wasserflöhe,
die dunkel wölkt im Muschelkies.

Rot blüht um ihn die Hexenheide,
fischäugig blinkt der Teich im Kraut.
Der graue Geist der Uferweide
wird über Sumpf und Binsen laut,
wo dünn der Ruf der scheuen Unken
tönt wie ein Mund der Zauberei …
Der Knabe horcht, ins Ohr gesunken
sind Wind und Teich und Krähenschrei.

Verzaubert ist die Mittagshelle,
das glasig grüne Algenlicht.
Der Knabe kennt die Wasserstelle,
die anders spiegelt sein Gesicht.
Er teilt das Schilf, das splittrig gelbe:
froschköpfig plätschert hoch der Nick –
und summt und spritzt und ist derselbe
wie einst mit tierhaft wildem Blick.

Und auch der Teich ist noch derselbe
wie einst, da dein Mund Kalmus blies,
dein Fuß hing ins Sumpfdottergelbe
und mit den Zehen griff den Kies.
Wenn dich im Traum das teichgrüntiefe
Gesicht voll Binsenhaar umfängt,
ist es als ob der Knabe riefe,
weil noch dein Netz am Wasser hängt.

Oktoberlicht

Oktober, und die letzte Honigbirne
hat nun zum Fallen ihr Gewicht,
die Mücke im Altweiberzwirne
schmeckt noch wie Blut das letzte Licht,
das langsam saugt das Grün des Ahorns aus,
als ob der Baum von Spinnen stürbe,
mit Blättern, zackig wie die Fledermaus,
gesiedet von der Sonne mürbe.

Durchsüßt ist jedes Sterben von der Luft,
vom roten Rauch der Gladiolen,
bis in den Schlaf der Schwalben wird der Duft
die Traurigkeit des Lichts einholen,
bis in den Schlaf der satten Ackermäuse
poltert die letzte Walnuß ein,
die braun aus schwarzgrünem Gehäuse
ans Licht sprang als ein süßer Stein.

Oktober, und den Bastkorb voll und pfündig
die Magd in Spind und Kammer trägt,
der Garten, nur von ihrem Pflücken windig,
hat sich ins müde Laub gelegt,
und was noch zuckt im weißen Spinnenzwirne,
es flöge gern zurück ins Licht,
das sich vom Ast die letzte Birne,
den süßen Gröps des Herbstes bricht.

Letzte Fahrt

Mein Vater kam im Weidengrau
und schritt hinab zum See,
das Haar gebleicht vom kalten Tau,
die Hände rauh vom Schnee.

Er schritt vorbei am Grabgebüsch,
er nahm den Binsenweg.
Hell hinterm Röhricht sprang der Fisch,
das Netz hing naß am Steg.

Sein altes Netz, es hing beschwert,
er stieß die Stange ein.
Der schwarze Kahn, von Nacht geteert,
glitt in den See hinein.

Das Wasser seufzte unterm Kiel,
er stakte langsam vor.
Ein bleicher Streif vom Himmel fiel
weithin durch Schilf und Rohr.

Die Reuse glänzte unterm Pfahl,
der Hecht schlug hart und laut.
Der letzte Fang war schwarz und kahl,
das Netz zerriß im Kraut.

Die nasse Stange auf den Knien,
die Hand vom Staken wund,
er sah die toten Träume ziehn
als Fische auf dem Grund.

Er sah hinab an Korb und Schnur,
was grau als Wasser schwand,
sein Traum und auch sein Leben fuhr
durch Binsen hin und Sand.

Die Algen kamen kühl gerauscht,
er sprach dem Wind ein Wort.
Der tote Hall, dem niemand lauscht,
sagt es noch immerfort.

Ich lausch dem Hall am Grabgebüsch,
Der Tote sitzt am Steg.
In meiner Kanne springt der Fisch.
Ich geh den Binsenweg.

Frühe

Wenn aus den Eichen
der Tau der Frühe leckt,
knarren die Türen, rädern die Speichen
vom Schrei der Hähne geweckt.

Noch unterm Laken
des Mondes schlafen die Wiesen, kühl und hell.
Die Sumpffeuer blaken,
die Frösche rühren ihr Paukenfell.

Mondhörnig schüttelt
sein Haupt das Rind
und weidet dunkel am Bach.

Der Habicht rüttelt
im stürzenden Wind
die Helle der Lerchen wach.

Sommer

O Nüstern des Staubs!
Feuerschlund August,
Teiche schlürfend!

Die schartige Sense
des Winds
glüht im Rohr.

Im knisternden Schatten
brütender Garben
hockt der Sommer,
den nackten Fuß
von Stoppeln rissig.

Dich will ich rühmen,
Erde,
noch unter dem Stein,
dem Schweigen der Welt
ohne Schlaf und Dauer.

Die Hirtenstrophe

Wir gingen nachts gen Bethlehem
und suchten über Feld
den schiefen Stall aus Stroh und Lehm,
von Hunden fern umbellt.

Und drängten auf die morsche Schwell
und sahen an das Kind.
Der Schnee trieb durch die Luke hell
und draußen Eis und Wind.

Ein Ochs nur blies die Krippe warm,
der nah der Mutter stand.
Wie war ihr Kleid, ihr Kopftuch arm,
wie mager ihre Hand.

Ein Esel hielt sein Maul ins Heu,
Fraß Dorn und Distel sacht.
Er rupfte weich die Krippenstreu,
o bitterkalte Nacht.

Wir hatten nichts als unsern Stock,
kein Schaf, kein eigen Land,
geflickt und fasrig war der Rock,
nachts keine warme Wand.

Wir standen scheu und stummen Munds:
Die Hirten, Kind, sind hier.
Und beteten und wünschten uns
Gerät und Pflug und Stier.

Und standen lang und schluckten Zorn,
weil uns das Kind nicht sah.
Griff nicht das Kind dem Ochs ans Horn
und lag dem Esel nah?

Es brannte ab der Span aus Kien.
Das Kind schrie und schlief ein.
Wir rührten uns, feldein zu ziehn.
Wie waren wir allein!

Daß diese Welt nun besser wird,
so sprach der Mann der Frau,
für Zimmermann und Knecht und Hirt,
das wisse er genau.

Ungläubig hörten wirs – doch gern.
Viel Jammer trug die Welt.
Es schneite stark. Und ohne Stern
ging es durch Busch und Feld.

Gras, Vogel, Lamm und Netz und Hecht,
Gott gab es uns zu Lehn.
Die Erde aufgeteilt gerecht,
wir hättens gern gesehn.

Dezember

Nun wintert es in Luch und Lanken,
im Graben klirrt das schwarze Eis.
Und Schilf und Binsen an den Planken
stehn unterm Nebel steif und weiß.

Mit Kälte sind bepackt die Schlitten,
die Gäule eisig überglänzt.
Die Gans hängt starr, ins Hirn geschnitten.
Das fahle Rohr liegt flach gesenst.

Das Licht der Tenne ist erloschen.
Schnee drückt der kleinen Kirche Walm,
im Klingelbeutel friert der Groschen
und beizend schwelt der Kerzen Qualm.

Der Wind umheult die Kirchhofsmauer.
Des Todes karges Deputat
ist ein vereister Blätterschauer
der Eichen auf den letzten Pfad.

Hier ruhn, die für das Gut einst mähten,
die sich mit Weib und Kind geplagt,
landlose Schnitter und Kossäten.
Im öden Schatten hockt die Magd.

Die Nacht ist ihre leere Scheune.
Die toten Schafe ziehn zur Schur
Des Winters Korn behäuft die Zäune,
furcht es die hungerharte Flur.

Der Sturm wohnt breit auf meinem Dache,
wie eine Grille zirpt der Frost.
Und wenn ich alternd nachts erwache,
stäubt Asche kalt vom morschen Rost.

Am Hoftor schwer die Balken knarren,
im Nebel läutet ein Gespann.
Ein Kummet klirrt und Hufe scharren.
Ich weiß, ein grober Knecht spannt an.

Der Wolken Mauer steht dahinter
auf Wald und See und grau wie Stein.
Bald wird das Feuer vieler Winter
in einer Nacht erloschen sein.

Die dritte Nacht April

Der Havel das Eis, den Kröten den Mund
öffnet April.
Der Himmel war vom Schnee noch wund,
ich kam auf die Welt, es regnete still
in der dritten Nacht April.

Die Milch der Mutter schmeckte gut.
Der Birkbusch wuchs, ich blieb nicht jung.
Die Nacht verdunkelte mein Blut,
der Augen braune Dämmerung.

Der Schatten meines Herzens steht
im kalten Schatten vom April,
dem feldernden, der Lerchen weht,
und in den Bäumen leben will.

Wilde Kastanie

Nicht eßbar, doch voll braunem Knallen,
wenn sie die Magd ins Feuer drückt,
die liebste Beere wohl von allen,
nach der das Kind im Herbst sich bückt:
sie hängt in rauher Stachelschale
und unterm breiten Blätterstern,
zu groß für eine Amselkralle
und für die kleine Hand zu fern.

Doch wenn der Sturm der roten Blätter
bis in die alten Wipfel stößt,
im raschelnden Oktoberwetter
die Spinne aus dem Netz sich löst,
dann springen braun Kastanienbälle
von allen Ästen der Allee,
sie rollen, von des Windes Kelle
getrieben hin auf der Chaussee.

Lenz

So lebte er hin ...
Büchner

Nachthindurch, im Frost der Kammer,
wenn die Pfarre unten schlief,
blies ins Kerzenlicht der Jammer,
schrieb er stöhnend Brief um Brief,
wirre Schreie an die Braut –
   Lenz, dich ließ die Welt allein!
   Und du weißt es und dir graut:
   Was die alten Truhen bergen
   an zerbrochenem Gepränge,
   was an Rosen liegt auf Särgen,
   diese Botschaft ist noch dein.
   Kalter Kelch und Abendmahl.
   Und der Gassen trübe Enge.
   Und die Schelle am Spital.

Jungfräulicher Morgenhimmel,
Potentaten hoch zu Roß,
Kutschen, goldgeschirrte Schimmel,
Staub der Hufe schluckt der Troß.
Und die Dame schwingt den Fächer.
Und den Stock schwingt der Profoß.
Kirchen, Klöster, steile Dächer,
Mauerring um Markt und Maut.
Schwarz von Dohlen überflogen
Postenruf und Orgellaut.
Im Gewölb, im spitzen Bogen,
stehen sie, in Stein gehauen,
die durch Glorie gezogen,
Landesherren, Fürstenfrauen.

Doch kein Wappen zeigt die Taten:
Hoffart, Pracht und Üppigkeit,
nicht den hinkenden Soldaten,
armes Volk der Christenheit
und das Korn, von Blut betaut –
  Lenz, du mußt es niederschreiben,
  was sich in der Kehle staut:
  Wie sie's auf der Erde treiben
  mit der Rute, mit der Pflicht.
  Asche in dem Feuer bleiben
  war dein Amt, dein Auftrag nicht.

Oh, des Frühjahrs Stundenschläge!
Dünn vom Münster das Geläut.
Durch den Wingert grüne Wege,
wo der Winzer Krume streut.
Auch der Büßer geht im Licht.
Und die schwarzverhüllte Nonne
mit dem knochigen Gesicht
spürt im Kreuzgang mild die Sonne.
Und der Pappeln kühles Schweben
in der Teiche weißem Rauch,
ist es nicht das schöne Leben,
diese Knospe, dieser Strauch?
Im Gehölz, vom Wind erhellt,
schulternackt der Nymphen Gruppe,
  und ein Lachen weht vom Fluß –
  Doch wer atmet rein die Welt,
  wenn er seine Bettelsuppe
  täglich furchtsam löffeln muß!

Lenz, du weißt es und dir graut:
Wer sich windet, wer sich beugt,
wer den Lauch der Armut kaut,
ist wie für die Nacht gezeugt.

Horch hinaus in Nacht und Wind!
Wirre Schreie, hohle Stimmen.
Feuer in den Felsen glimmen.
In Fouday blickt starr das Kind.
Bei des Kienspans trübem Blaken
und berauntem Zauberkraut
liegt es auf dem Totenlaken.
Und du weißt es und dir graut.
Schmerz dröhnt auf und schwemmt vom Chore
brennend in dein Wesen ein.
Von der ödesten Empore,
dringend durch die dickste Mauer
– gellend alle Pfeifen schrein –
braust die Orgel deiner Trauer.
Räudig Schaf, es hilft kein Beten!
Unter Tränen wirds dir sauer,
doch du mußt die Bälge treten,
daß es in den Pfeifen gellt –
Lenz, dich friert an dieser Welt!
Und du weißt es und dir graut.
Gott hat dich zu arm bekleidet
mit der staubgebornen Haut.
Und der Mensch am Menschen leidet.

Straßburg/Paris 1927

Alte Feuerstelle

Der nachts vor diesem Feuer saß,
vor einem Himmel brandig,
die Zweige brach und hungrig aß,
sein Brot vom Wandern sandig.

Er trug das Brot im Bettelsack,
ganz grau bis in die Rinde.
Es hatte bitteren Geschmack
vom Regen und vom Winde.

Ich seh den Mann im Feuerrauch
noch knien am Distelstrauche.
Er schürt die Glut mit seinem Hauch
und lebt von meinem Hauche.

Ich seh ihn noch am Aschenbrand
und bläulich glühn die Zacken.
Und rußig, wo der Kessel stand,
sind überm Gras die Wacken.

Die Holzglut glimmt am Schuh ihm aus.
Und vor der Lerchenhelle
geht er die Meile an mein Haus,
im Mond der grauen Schwelle.

Er drückt das Schloß mit einem Stein,
steigt ohne Licht die Stiege.
Die Angel läßt ihn breit hinein,
die Kammer, wo ich liege.

Er streift das Bett, wie nah er sitzt,
macht mir das Atmen sauer.
Ich höre, wie er seufzend ritzt
die Schatten in die Mauer.

Und wie er Tisch und Truhe leert
und rückt ins große Schweigen.
Und noch den Staub vom Balken kehrt
und alles nennt sein eigen.

Und wie er anrührt mein Gesicht,
um mir das Wort zu sagen:
Ich war der Docht in deinem Licht,
dein Lachen war mein Klagen.

Er stößt ins Zwielicht mich hinaus,
daß ich sein Leben finde.
Ich gehe arm aus meinem Haus
im bittern Morgenwinde.

Und wo er nachts am Feuer saß,
steh ich am Distelstrauche.
Und wandre seine Spur im Gras,
versengt vom Zackenrauche.

Kreuzspinne

Noch webt die Spinne an der Wand
dem Licht die leise Fessel.
Umschleiert steht der Strauch im Sand,
am Zaun die braune Nessel.

Die Spinne seilt das Feuer fest,
wenn sie den Faden wendet.
Der Herbst duckt sich ins Ödgeäst
und dunkelt, bis sie endet.

Noch hält das Netz der Träume dicht,
mag auch die Mauer dunkeln.
Die Spinne trägt ihr Kreuz ins Licht
und alle Fäden funkeln.

Erst wenn sie immer müder kreist
in immer kältre Räume,
erst wenn ihr leises Seil zerreißt,
durchweht es kahl die Bäume.

Havelnacht

Hinter den ergrauten Schleusen,
nur vom Sprung der Fische laut,
schwimmen Sterne in die Reusen,
lebt der Algen Dämmerkraut.

Lebt das sanfte Sein im Wasser,
grün im Monde, unvergilbt,
wispern nachts die Büsche blasser,
rauscht das Rohr, ein Vogel schilpt.

Nah dem Geist, der nachtanbrausend
noch in seinem Flusse taucht,
in dem Schilf der Schleusen hausend,
wo der Fischer Feuer raucht:

Duft aus wieviel alten Jahren
neigt sich hier ins Wasser sacht.
Wenn wir still hinunter fahren,
weht durch uns der Trunk der Nacht.

Die vergrünten Sterne schweben
triefend unterm Ruder vor.
Und der Wind wiegt unser Leben,
wie er Weide wiegt und Rohr.

Die schilfige Nymphe

Die schilfige Nymphe,
das Wasser welkt fort,
der Froschbauch der Sümpfe
verdorrt.

Am Mittagsgemäuer
der Schatten stürzt ein.
Der Hauch tanzt aus Feuer
am Eidechsenstein.

Im Mittag der Kerzen,
im Röhricht, das schwieg,
ist traurig dem Herzen
Libellenmusik.

Die dunkle Libelle
der Seen wird still.
Es tönt nur das grelle
herzböse Geschrill.

Es neigt sich die Leuchte
ins Röhricht hinein.
Der ödhin verscheuchte
Wind kichert allein.

Wintersee

Ihr Fische, wo seid ihr
mit schimmernden Flossen?
Wer hat den Nebel,
das Eis beschossen?

Ein Regen aus Pfeilen,
ins Eis gesplittert,
so steht das Schilf
und klirrt und zittert.

Wiepersdorf

Wie du nun gehst im späten Regen,
der Mond und Himmel kälter flößt
und auf den laubverschwemmten Wegen
den Riß in die Gespinste stößt,
flammt über Tor und Efeumauer,
die Gräber wärmend, noch ein Blitz.
Und flatternd schreit im hellen Schauer
das düstre Volk am Krähensitz.

Dann ist es still. Der Teich der Unken,
das schuppiggrüne Algenglimmen
tönt klagend nur und dünn und hohl,
metallner Hall in Nacht versunken.

Wo gingt ihr hin? – Geliebte Stimmen,
unsterbliche, wo seid ihr wohl?

Späte Zeit

Still das Laub am Baum verklagt.
Einsam frieren Moos und Grund.
Über allen Jägern jagt
hoch im Wind ein fremder Hund.

Überall im nassen Sand
liegt des Waldes Pulverbrand,
Eicheln wie Patronen.

Herbst schoß seine Schüsse ab,
leise Schüsse übers Grab.

Horch, es rascheln Totenkronen,
Nebel ziehen und Dämonen.

1933

Deutschland

I

Barg sich auch Feuer und Gold genug
  unter den schweren Wurzeln im Wald,
Deutschland ist dunkel, Deutschland ist kalt.

Wo die Flamme rußte im Ring,
  klebte das Salz der Träne am Krug,
rann durchs Bahrtuch klagend das Blut.

Niemals aber im Frühtau ging,
  hell gerufen von Stimmen stark,
in den Augen gekreuzigte Glut,
  nackten Fußes eine Jeanne d'Arc.

1927

II

Späteste Söhne, rühmet euch nicht,
einsame Söhne, hütet das Licht.
Daß es von euch in Zeiten noch heißt,
daß nicht klirret die Kette, die gleißt,
leise umschmiedet, Söhne, den Geist.

1933

III

Welt der Wölfe, Welt der Ratten.
Blut und Aas am kalten Herde.
Aber noch streifen die Schatten
der toten Götter die Erde.

Göttlich bleibt der Mensch und versöhnt.
Und sein Atem wird frei wieder wehen.
Wenn auch die heulende Rotte höhnt,
sie wird vergehen.

1939

Der Rückzug

I

Ich sah des Krieges Ruhm.
Als wärs des Todes Säbelkorb,
durchklirrt von Schnee, am Straßenrand
lag eines Pferds Gerippe.
Nur eine Krähe scharrte dort im Schnee nach Aas,
wo Wind die Knochen nagte, Rost das Eisen fraß.

II DIE SCHWALBE

Weißbrüstige Schwalbe,
dein Schnabel ritzt
das grau sich kräuselnde Wasser
an Schilf und Toten vorbei
im gleitenden Flug.

Ich hörte den windschnellen Schrei
und sah dich aus lehmigem Loch,
hinter klagendem Draht, entwurzelten Weiden,
wo es verwest und brandig roch.

Zwischen den beiden
Sicheln des Mondes wurde ich alt
wie der blutgetränkte Fluß,
wie der aschig trauernde Wald.

III

Am Bahndamm rostet das Läutwerk.
Schienen und Schwellen starren zerrissen,
zerschossen die Güterwagen.

Auf der Chaussee,
den Schotter als Kissen,
vom Sturz zersplitterter Pappeln erschlagen
liegt eine Frau im schwarzen Geäst.

Noch klagt ihr Mund
hart an der Erde.
In offene Augen
fällt Regen und Schnee.

O Klage der Mütter,
nicht löschen die Tränen
die Feuer der Schlacht.

Hinter der Hürde des Nebels,
Schnee in den Mähnen,
weiden die toten Pferde,
die Schatten der Nacht.

Sie spürten mich auf. Der Wind war ihr Hund.
Sie schritten die Schattenchausseen.
Ich lag zwischen Weiden auf moorigem Grund
im Nebel verschilfter Seen.
Die Nacht nach Rohr und Kalmus roch,
des Zwielichts bittere Laugen
erglänzten fahl im Wasserloch.
Da sah ich vor meinen Augen
den Trupp von Toten, im Tod noch versprengt,
entkommen der Feuersbrunst,
von aschigem Stroh die Braue versengt,
geschwärzt vom Pulverdunst.

Sie gingen durch Pfahl und Stacheldraht
vorbei am glosenden Tank
und über die ölig verbrannte Saat
hinunter den lehmigen Hang
und traten, gebeugt von modernder Last,
aus wehendem Nebelgebüsch.
Am Wasser suchten sie späte Rast,
ein Stein war ihr Hungertisch.
Kalt kam die Frühe im Krähenflug.
Sie starrten den Himmel an.
Da sah ich mich selber im grauen Zug,
der langsam im Nebel zerrann.

O schwebende Helle, du kündest den Tag
und auch die Schädelstätte.

Zerschossen die Straße, zerschossen der Hag,
zermalmt von des Panzers Kette.
Ich schmeckte am Gaumen Sand und Blut
und kroch zum See, die Lippen zu feuchten.
Und sah der Sonne steigende Glut
im nebligen Wasser leuchten.

V

Des Frühjahrs Regengüsse,
distelsausende Nacht.
Den qualmigen Nebel der Flüsse
saugen die ausgehöhlten Weiden ein
wie längst verstorbener Feuer Rauch.

Im wirbelnden Wasser mahlt der Stein
das weiße Hirn verfaulter Nüsse,
knochige Äste, Scherben aus Ton,
das Gold der Herbste, schwarz im Sand,
es knirscht Gebein,
das treibende, das keine Ruhe fand.

VI

Wo schlammt ein Loch im Nebelrauch,
wo Rinde häutet ab der Strauch,
wo kahl ein Fingerzacken streift
das Habichtskraut, das sich bereift,
wo nagelrostig starrt ein Brett,
begrub die Nacht die letzte Spur,
des Todes armes Amulett,
das dünne Blech an dünner Schnur.

VII

Des Krieges fette Ratte tragend,
huscht es vorbei im kalten Flur,
die Krallen wund, katzmäulig klagend.
Der Pappel Schatten mißt die Nacht,
der Sand füllt still die Stundenuhr.

Im Laubloch fault der Schnee zu Tau.
Des Fährmanns Eisen hallt im Rohr,
im Mund der Toten rostet Geld.
Der Trauer Hunde stehn am Tor,
rauh kläffend, wenn der Regen fällt.

VIII

O Nacht der Trauer, Nacht April,
die ich im Feuerdunst durchschwamm,
umweht vom schwarzen Wassergras,
als schwankte Haar auf trübem Schlamm,
mit Pfählen treibend und mit Brettern,
mit Knäuln von Ästen und mit Aas,
versengtem Schilf, vereisten Blättern,
flußabwärts mit den Toten still.

O Grund der Welt, noch ungebunden,
o Pflug, der Gräber nicht verletzt,
o Mensch, verloren und gefunden,
auf morschem Floß noch ausgesetzt,
o öder Anhauch bleicher Lippen,
mit Blut und Regen kam der Tag,
da auf des Flusses steingen Rippen
das Morgenlicht zerschmettert lag!

Griechischer Morgen

Perlgraue Feder im Sand,
die der Vogel verlor,
als er am Rand der Morgenröte
flog aus dem Nebel empor,
zarteste Kraft des Halms,
der die Erde durchstößt,
tauiger Ölbaum, Wasser des Bachs,
darf ich euch preisen,
eh nicht der Mensch den Menschen erlöst?

Sonne des Todes, bitteren Tau,
schmeckt der Gefangne,
gräbt er die Grube im Morgengrau.
Greifen die Hände an Wurzel und Stein,
über der felsigen Mauer der Wein,
lichtes Gehölz und Himmel und Meer
sind wie Lippen schweigsam und schwer.

Steht er am Abhang der Sterne allein,
o des Himmels verhaltener Gruß,
steht er gefesselt, sein Auge preist
unsterbliches Land,
das Freiheit heißt,
atmende Erde, Feuer der Frühe,
ehe ins Dunkel
die Kugel ihn reißt.

Heimkehr

Unter der schwindenden Sichel des Mondes
kehrte ich heim und sah das Dorf
im wäßrigen Dunst der Gräben und Wiesen.

Soll ich wie Schatten zerrissener Mauern
hausen im Schutt, das Tote betrauern,
soll ich die schwarze Schote enthülsen,
die am Zaun der Sommer vergaß,
sammeln den Hafer rissig und falb,
den ein eisiger Regen zerfraß?
Fauliger Halm auf fauligem Felde –
niemand brachte die Ernte ein.
Nessel wuchert, Schierling und Melde,
Hungerblume umklammert den Stein.

Aber am Morgen,
es dämmerte kalt,
als noch der Reif
die Quelle des Lichts überfror,
kam eine Frau aus wendischem Wald.
Suchend das Vieh, das dürre,
das sich im Dickicht verlor,
ging sie den rissigen Pfad.
Sah sie schon Schwalbe und Saat?
Hämmernd schlug sie den Rost vom Pflug.

Da war es die Mutter der Frühe,
unter dem alten Himmel
die Mutter der Völker.
Sie ging durch Nebel und Wind.

Pflügend den steinigen Acker,
trieb sie das schwarzgefleckte
sichelhörnige Rind.

II

Gedichte aus den Jahren 1948-1962

... im großen Hof meines Gedächtnisses.
Daselbst sind mir Himmel,
Erde und Meer gegenwärtig ...

Augustinus

Das Zeichen

Baumkahler Hügel,
Noch einmal flog
Am Abend die Wildentenkette
Durch wäßrige Herbstluft.

War es das Zeichen?
Mit falben Lanzen
Durchbohrte der See
Den ruhlosen Nebel.

Ich ging durchs Dorf
Und sah das Gewohnte.
Der Schäfer hielt den Widder
Gefesselt zwischen den Knien.
Er schnitt die Klaue,
Er teerte die Stoppelhinke.
Und Frauen zählten die Kannen,
Das Tagesgemelk.
Nichts war zu deuten.
Es stand im Herdbuch.

Nur die Toten,
Entrückt dem stündlichen Hall
Der Glocke, dem Wachsen des Epheus,
Sie sehen
Den eisigen Schatten der Erde
Gleiten über den Mond.
Sie wissen, dieses wird bleiben.
Nach allem, was atmet
In Luft und Wasser.

Wer schrieb
Die warnende Schrift,
Kaum zu entziffern?
Ich fand sie am Pfahl,
Dicht hinter dem See.
War es das Zeichen?

Erstarrt
Im Schweigen des Schnees,
Schlief blind
Das Kreuzotterndickicht.

Elegie

Es ist deine Stunde,
Mann auf Chios,
Sie naht über Felsen
Und legt dir Feuer ans Herz.
Die Abendbrise mäht
Die Schatten der Pinien.
Dein Auge ist blind.
Aber im Schrei der Möwe
Siehst du metallen schimmern das Meer,
Das Meer mit der schwarzen Haut des Delphins,
Den harten Ruderschlag des Winds
Dicht vor der Küste.

Hinab den Pfad,
Wo an der Distel
Das Ziegenhaar weht.
Siebensaitig tönt die Kithara
Im Sirren der Telegrafendrähte.
Bekränzt von welligen Ziegeln
Blieb eine Mauer.
Das Tongefäß zerbrach,
In dem versiegelt
Der Kaufbrief des Lebens lag.

Felshohe Gischt,
Felsleckende Brandung,
Das Meer mit der Haut des Katzenhais.
Am Kap einer Wolke
Und in der Dünung des Himmels schwimmend,
Weiß vom Salz

Verschollener Wogen
Des Mondes Feuerschiff.
Es leuchtet der Fahrt nach Ios,
Wo am Gestade
Die Knaben warten
Mit leeren Netzen
Und Läusen im Haar.

Thrakien

Eine Flamme züngelt
Hier nachts am Boden,
Es wirbelt weißes Laub.
Und mittags zerschellt
Die Sichel des Lichts.
Das Rascheln des Sandes
Zerklüftet das Herz.

Hebe den Stein nicht auf,
Den Speicher der Stille.
Unter ihm
Verschläft der Tausendfüßler
Die Zeit.

Über den Paß,
Gekerbt von Pferdehufen,
Weht eine Mähne aus Schnee.
Mit rauchlosen Schatten
Vieler Feuer
Füllt sich am Abend die Schlucht.

Ein Messer
Häutet den Nebel,
Den Widder der Berge.
Jenseits des Flusses
Leben die Toten.
Das Wort
Ist die Fähre.

Verona

Zwischen uns fiel der Regen des Vergessens.
Im Brunnen verdämmern die Münzen.
Auf der Mauer die Katze,
Sie dreht ihr Haupt ins Schweigen,
Erkennt uns nicht mehr.
Das schwache Licht der Liebe
Sinkt auf ihre Augensterne.

Es rasselt das Räderwerk im Turm
Und schlägt zu spät die Stunde an.
Die Erde schenkt uns keine Zeit
Über den Tod hinaus.
Ins Gewebe der Nacht genäht
Versinken die Stimmen
Unauffindbar.

Zwei Tauben fliegen vom Fenstersims.
Die Brücke behütet den Schwur.
Dieser Stein,
Im Wasser der Etsch,
Lebt groß in seiner Stille.
Und in der Mitte der Dinge
Die Trauer.

San Michele

Im Mauerwinkel
Ein schwarzes Feuer,
Den Heimweg der Toten wärmend.
Während der Schatten ihrer Gebete
Über schlafende Wasser weht,
Schwingt eine Glocke,
Die du nicht hörst.
Jede Stunde geht durch dein Herz
Und die letzte tötet.

Gestern,
Unter den Mandelbäumen,
Legten sie Feuer
Ans dürre Gras.
Kaufe dich los
Im Anblick der Grube.

Die Nacht,
Der dunkle Aderlaß,
Verströmt ins Blei der Dächer.
Das ferne Venedig
Ist keinen Fischfang wert.

Sibylle des Sommers

September schleudert die Wabe des Lichts
Weit über die felsigen Gärten aus.
Noch will die Sibylle des Sommers nicht sterben.
Den Fuß im Nebel und starren Gesichts
Bewacht sie das Feuer im laubigen Haus,
Wo Mandelschalen als Urnenscherben
Zersplittert im harten Weggras liegen.
Das Schilfblatt neigt sich, das Wasser zu kerben.
Die Spinnen reisen, die Fäden fliegen.
Noch will die Sibylle des Sommers nicht sterben.
Sie knotet ihr Haar in den Bäumen fest.
Die Feige leuchtet in klaffender Fäule.
Und weiß und rund wie das Ei der Eule
Glänzt abends der Mond im dünnen Geäst.

Momtschil

Mond kam über die Kimme der Berge.
Im Felsen ging das Silber auf,
Das Auge der Nacht.
Gedröhn von Hufen,
Langtönend im Stein,
Erstickte der Staub.
Schneller trieb die Herde der Hirt,
Sein Schatten erklomm
Das Schweigen der Schlucht.

Bergoben,
Umgürtet von felsiger Mauer,
Doch ausgesetzt
Dem Anhauch großer Himmel,
Das Dorf der Tataren;
Die graue Moschee
Nicht höher als der Schober aus Stroh.
Neben dem Wasserrad die Hütte,
Der kühle, weiche Geruch von Mehl
Lag auf der Schwelle.
Und Nebel floß,
Weiße Schafsmilch,
Über den Rand des Dachs.

Münze aus Bir El Abbas

Reibe die schartige Münze nicht blank.
Laß es schlafen, das fremde Gesicht,
Unter der grünen Schicht des Metalls
Wie unter dem grünen Wasser
Verschlammter Löcher der letzten Oase.

Die Münze klirrt.
Du hörst Getöse der Öde,
Die lange Klage der Karawanen,
Zerfallen zu Staub.
Vom Wind gewetzt,
Zerschneidet die Sichel des Sandes
Das Lagerfeuer,
Das schwarze Zelt aus Ziegenhaar,
Der Eselstute Nüster und Huf.

Ruhlose Münze,
Von Brunnen zu Brunnen getragen,
Auf schrundigem Rücken dürrer Kamele
Von Markt zu Markt,
Aus schmutzigem Kopftuch der Greisin fallend
Ins schmutzige Leder des Fladenhändlers,
Verborgen unter der Achsel des Diebes
Und wieder geworfen aus Räuberhand
Dem Leprakranken in den Napf,
Geschoben auf den dünnen Teppich,
Daß vor der Liebe die Ulad noch tanze,
Die über dem starren, gekalkten Gesicht
Den kleinen Mond aus Tierhaut schwingt,
Der dröhnend umkreist den Flötenton.

Ruhlose Münze,
Verschenkt und verloren,
Von Fersen getreten, von Zähnen geprüft,
Geschrieben ins Schuldbuch, ins Salz der Tränen,
Wenn unter der Fron der Mahlstein knirschte,
Du Zeuge des Schachers um Amber und Perlen,
Dem Richter den Spruch vom Munde nehmend:
Du nur kennst die Wege der Welt.
Du rolltest durch den Hunger des Volks,
Durch Prunk und Aufruhr alter Provinzen,
Durch Stammesfehden und Lachen von Blut,
Bis dich die Tatze der Wüste begrub.

Wo Öde wuchert an Wall und Mauer,
Mit stumpfer Hacke die Hitze schlägt,
Lagst du im Purpurschutt aus Scherben,
Dem Schweigen nun auf Zins geliehen –
Vom Spaten gehoben,
Das einzige Grün im grellen Sand,
Der Mammon der Toten,
Der nicht zu stillen vermochte
Den nie verlöschenden Durst der Welt.

In der Bretagne

Wohin, ihr Wolken, ihr Vogelschwärme?
Kalt weht die Chaussee ins Jahr,
Wo einst der Acker warm von der Wärme
Des brütenden Rebhuhns war.

O Marguerite,
Kalt weht dein Haar,
Leg dir das dunkle Tuch ums Kinn,
Durch Morbihan wallfahre hin,
Schöpf Wasser aus den Brunnen.

Naßkahler Ginster. Und ihr Gehäuse
Verschloß die Schnecke mit kalkiger Wand.
Gedämpft das Licht in des Regens Reuse.
Und Steine und Stimmen im heidigen Land.

O Marguerite,
Streich mit der Hand
Die Asche von des Herdes Glut.
Es leuchtet auf das alte Blut
Im Feuer der Legenden.

Widmung

Für Ernst Bloch

Herbst und die dämmernden Sonnen im Nebel
Und nachts am Himmel ein Feuerbild.
Es stürzt und weht. Du mußt es bewahren.
Am Hohlweg wechselt schneller das Wild.
Und wie ein Hall aus fernen Jahren
Dröhnt über Wälder weit ein Schuß.
Es schweifen wieder die Unsichtbaren
Und Laub und Wolken treibt der Fluß.

Der Jäger schleppt nun heim die Beute,
Das kiefernästig starrende Geweih.
Der Sinnende sucht andre Spur.
Er geht am Hohlweg still vorbei,
Wo goldner Rauch vom Baume fuhr.
Und Stunden wehn, vom Herbstwind weise,
Gedanken wie der Vögel Reise,
Und manches Wort wird Brot und Salz.
Er ahnt, was noch die Nacht verschweigt,
Wenn in der großen Drift des Alls
Des Winters Sternbild langsam steigt.

Widmung

Für Hans Henny Jahnn

Singende Öde am Fluß: wer rief?
Da mit dem rudernden Fuß des Schwans
Die Nacht nun über dem Wasser naht,
Gehn Feuer dunkel hinab den Pfad,
Wo einmal der Knabe, im Schatten des Kahns,
Den Mittag neben den Netzen verschlief.

Wer aber wollte, wenn eisige Ferne weht,
Mit ihnen dort oben am Hügel nicht leben,
Die melken und pflügen
Und richten Gemäuer
Und Balken an Balken sicher fügen?
Wo sich das wasserhebende Windrad dreht,
Wohnen sie nahe am Korn. Ihr Tagwerk ist gut.
Dich aber rief es, aus feuer-
Brennender Tiefe zu heben
Die leicht erlöschende, ruhlose Glut.

Unter der Kiefer

Nadeln ohne Öhr,
Der Nebel zieht
Die weißen Fäden ein.
Fischgräten,
In den Sand gescharrt.
Mit Katzenpfoten
Klettert der Epheu
Den Stamm hinauf.

Chausseen

Erwürgte Abendröte
Stürzender Zeit!
Chausseen. Chausseen.
Kreuzwege der Flucht.
Wagenspuren über den Acker,
Der mit den Augen
Erschlagener Pferde
Den brennenden Himmel sah.

Nächte mit Lungen voll Rauch,
Mit hartem Atem der Fliehenden,
Wenn Schüsse
Auf die Dämmerung schlugen.
Aus zerbrochenem Tor
Trat lautlos Asche und Wind,
Ein Feuer,
Das mürrisch das Dunkel kaute.

Tote,
Über die Gleise geschleudert,
Den erstickten Schrei
Wie einen Stein am Gaumen.
Ein schwarzes
Summendes Tuch aus Fliegen
Schloß ihre Wunden.

Bericht des Pfarrers vom Untergang seiner Gemeinde

Da Christus brennend sank vom Kreuz – o Todesgrauen!
Es schrien die erzenen Trompeten
Der Engel, fliegend im Feuersturm.
Ziegel wie rote Blätter wehten.
Und heulend riß im wankenden Turm
Und Quadern schleudernd das Gemäuer,
Als berste des Erdballs Eisenkern.
O Stadt in Feuer!
O heller Mittag, in Schreie eingeschlossen –
Wie glimmendes Heu stob Haar der Frauen.
Und wo sie im Tiefflug auf Fliehende schossen,
Nackt und blutig lag die Erde, der Leib des Herrn.

Nicht war es der Hölle Sturz:
Knochen und Schädel wie gesteinigt
In großer Wut, die Staub noch schmolz
Und mit dem erschrockenen Licht vereinigt
Brach Christi Haupt vom Holz.
Es schwenkten dröhnend die Geschwader.
Durch roten Himmel flogen sie ab,
Als schnitten sie des Mittags Ader.
Ich sah es schwelen, fressen, brennen –
Und aufgewühlt war noch das Grab.
Hier war kein Gesetz! Mein Tag war zu kurz,
Um Gott zu erkennen.

Hier war kein Gesetz. Denn wieder warf die Nacht
Aus kalten Himmeln feurige Schlacke.

Und Wind und Qualm. Und Dörfer wie Meiler angefacht.
Und Volk und Vieh auf enger Schneise.
Und morgens die Toten der Typhusbaracke,
Die ich begrub, von Grauen erfaßt –
Hier war kein Gesetz. Es schrieb das Leid
Mit aschiger Schrift: Wer kann bestehn?
Denn nahe war die Zeit.

O öde Stadt, wie war es spät,
Es gingen die Kinder, die Greise
Auf staubigen Füßen durch mein Gebet.
Die löchrigen Straßen sah ich sie gehn.
Und wenn sie schwankten unter der Last
Und stürzten mit gefrorener Träne,
Nie kam im Nebel der langen Winterchausseen
Ein Simon von Kyrene.

Der Treck

Herbstprunk der Pappeln.
Und Dörfer
Hinter der Mauer
Aus Hundegeheul,
Am Torweg
Eingekeilt der Riegel,
Das Gold verborgen
Im rostigen Eisentopf.

Spät das letzte Gehöft.
Zerschossen trieb die Kettenfähre
Den Fluß hinab.

Hier sah ich das Kind,
Gebettet
In den kältesten Winkel der Stunde,
Aus der Höhle des Bluts
Ans Licht zersplitterter Fenster
Gestoßen.
Das Kind war nahe dem Tag.

Draußen das Wasserloch
Ein Klumpen Eis.
Und Männer rissen mit Bajonetten
Fetzen Fleischs
Aus schneeverkrustetem Vieh,
Schleudernd den Abfall
Gegen die graubemörtelte
Mauer des Friedhofs.

Es kam die Nacht
Im krähentreibenden Nebel.
Hart ans Gehöft
Auf Krücken kahler Pappeln
Kam die Nacht.

Das Kind sah nicht
Die gräberhohle Erde.
Und nicht den Mond,
Der eine Garbe weißen Strohs
Auf Eis und Steine warf.
Das Kind war nahe dem Tag.

Dezember 1942

Wie Wintergewitter ein rollender Hall.
Zerschossen die Lehmwand von Bethlehems Stall.

Es liegt Maria erschlagen vorm Tor,
Ihr blutig Haar an die Steine fror.

Drei Landser ziehen vermummt vorbei.
Nicht brennt ihr Ohr von des Kindes Schrei.

Im Beutel den letzten Sonnblumenkern,
Sie suchen den Weg und sehn keinen Stern.

Aurum, thus, myrrham offerunt ...
Um kahles Gehöft streicht Krähe und Hund.

... quia natus est nobis Dominus.
Auf fahlem Gerippe glänzt Öl und Ruß.

Vor Stalingrad verweht die Chaussee.
Sie führt in die Totenkammer aus Schnee.

Polybios

1

Am Abend
Ergoß sich ein Blutsturz
Aus der Kehle des Himmels.
Es brannte die Luft
Den Toten
Purpurne Zeichen ein.

Hinter dem Pfahlwerk
Brannte von harten
Schreien der Staub.
Sie häuften die Beute.
Nach jedem Gemetzel
Verfaulen sie
In ihrer Stärke.

Zerschneiden wird die Nacht
Die Sehnen des Ruhms,
Erdrosseln das Gelächter,
Den Raub aus kalten Händen graben.

Ich ging durch den Steinschlag
Roher Worte
Und an den Feuergruben vorbei.
Ich ging zu den Stimmen,
Die sie nicht hören.

Zerrädert
Die Gräberstraße,
Ein Karrenweg fast.
Geköpfte Säulen,
Die Schrift verlodert.
Über dem Schutt
Verdunkelter Stimmen
Der Rauch des Schierlings.
Und nirgends die Tafel:

Hier liegt einer,
Der wollte noch singen
Mit einer Distel im Mund.

Knisternd fiel die Hitze
Aus glühender Pfanne der Nacht.
Nicht im Brunnen der Stern,
Die Scherbe leuchtet
Dem sinkenden Krug.
Zerschmetterter Mund,
Du leuchtest die Finsternis an.

II

Zerschossene
Schläfe des Dorfs,
Noch immer umschwommen
Vom Lindenduft.

Die Dächer gerodet,
Das Kirchenschiff
Ein glosender Spalt.
Es rief aus dem Rauch:
Ein Engel naht
Und setzt seinen Fuß
Auf meine Wunde.

Vor mir
In schmerzender Helle
Die stinkende Wunde der Chaussee,
Verkrustet und wieder aufgerissen.
Und Rinder lagen
Aufgeblasen
Vom Maul der Verwesung.

Aber ich blieb
An diesen Seen,
Wo der November
Die Pfeile
Im Köcher des Nebels
Zersplittert.
Unter dem Himmel

Der Eichelhäher
Lief ich durch finstere Dörfer,
Wo mittags Elias
Aus brennendem Ahorn trat.

Funksprüche
Durchtickten den Schlaf.
Am Feldrand die Tote,
Die Brauen voll Rauhreif,
Zwei weiße Ähren
Auf der Stirn.
Das öde Gehöft,
Ich trank im Schneewind
Und spürte das Eis
Am Gaumen der Pumpe.

Spät wird es Tag.
Ein Fittich aus Rauch
Weht durch den Himmel
Der Eichelhäher.
Verwandelt ist
Das Wasser der Seen.
Jede Brombeerranke
Ein rostiger Stacheldraht.
Stell deine Hunde
Vor die Nacht.

An taube Ohren der Geschlechter

Es war ein Land mit hundert Brunnen.
Nehmt für zwei Wochen Wasser mit.
Der Weg ist leer, der Baum verbrannt.
Die Öde saugt den Atem aus.
Die Stimme wird zu Sand
Und wirbelt hoch und stützt den Himmel
Mit einer Säule, die zerstäubt.

Nach Meilen noch ein toter Fluß.
Die Tage schweifen durch das Röhricht
Und reißen Wolle aus den schwarzen Kerzen.
Und eine Haut aus Grünspan schließt
Das Wasserloch,
Als faule Kupfer dort im Schlamm.

Denk an die Lampe
Im golddurchwirkten Zelt des jungen Afrikanus:
Er ließ ihr Öl nicht länger brennen,
Denn Feuer wütete genug,
Die siebzehn Nächte zu erhellen.
*
Polybios berichtet von den Tränen,
Die Scipio verbarg im Rauch der Stadt.
Dann schnitt der Pflug
Durch Asche, Bein und Schutt.
Und der es aufschrieb, gab die Klage
An taube Ohren der Geschlechter.

Winterpsalm

Für Hans Mayer

Da ich ging bei träger Kälte des Himmels
Und ging hinab die Straße zum Fluß,
Sah ich die Mulde im Schnee,
Wo nachts der Wind
Mit flacher Schulter gelegen.
Seine gebrechliche Stimme,
In den erstarrten Ästen oben,
Stieß sich am Trugbild weißer Luft:
»Alles Verscharrte blickt mich an.
Soll ich es heben aus dem Staub
Und zeigen dem Richter? Ich schweige.
Ich will nicht Zeuge sein.«
Sein Flüstern erlosch,
Von keiner Flamme genährt.

Wohin du stürzt, o Seele,
Nicht weiß es die Nacht. Denn da ist nichts
Als vieler Wesen stumme Angst.
Der Zeuge tritt hervor. Es ist das Licht.

Ich stand auf der Brücke,
Allein vor der trägen Kälte des Himmels.
Atmet noch schwach,
Durch die Kehle des Schilfrohrs,
Der vereiste Fluß?

Der Garten des Theophrast

Meinem Sohn

Wenn mittags das weiße Feuer
Der Verse über den Urnen tanzt,
Gedenke, mein Sohn. Gedenke derer,
Die einst Gespräche wie Bäume gepflanzt.
Tot ist der Garten, mein Atem wird schwerer,
Bewahre die Stunde, hier ging Theophrast,
Mit Eichenlohe zu düngen den Boden,
Die wunde Rinde zu binden mit Bast.
Ein Ölbaum spaltet das mürbe Gemäuer
Und ist noch Stimme im heißen Staub.
Sie gaben Befehl, die Wurzel zu roden.
Es sinkt dein Licht, schutzloses Laub.

Traum im Tellereisen

Gefangen bist du, Traum.
Dein Knöchel brennt,
Zerschlagen im Tellereisen.

Wind blättert
Ein Stück Rinde auf.
Eröffnet ist
Das Testament gestürzter Tannen,
Geschrieben
In regengrauer Geduld
Unauslöschlich
Ihr letztes Vermächtnis –
Das Schweigen.

Der Hagel meißelt
Die Grabschrift auf die schwarze Glätte
Der Wasserlache.

Unter der Wurzel der Distel

Unter der Wurzel der Distel
Wohnt nun die Sprache,
Nicht abgewandt,
Im steinigen Grund.
Ein Riegel fürs Feuer
War sie immer.

Leg deine Hand
Auf diesen Felsen.
Es zittert das starre
Geäst der Metalle.
Ausgeräumt ist aber
Der Sommer,
Verstrichen die Frist.

Es stellen
Die Schatten im Unterholz
Ihr Fangnetz auf.

Psalm

Daß aus dem Samen des Menschen
Kein Mensch
Und aus dem Samen des Ölbaums
Kein Ölbaum
Werde,
Es ist zu messen
Mit der Elle des Todes.

Die da wohnen
Unter der Erde
In einer Kugel aus Zement,
Ihre Stärke gleicht
Dem Halm
Im peitschenden Schnee.

Die Öde wird Geschichte.
Termiten schreiben sie
Mit ihren Zangen
In den Sand.

Und nicht erforscht wird werden
Ein Geschlecht,
Eifrig bemüht,
Sich zu vernichten.

III

Gedichte aus den Jahren 1963-1972

Ophelia

Später, am Morgen,
gegen die weiße Dämmerung hin,
das Waten von Stiefeln
im seichten Gewässer,
das Stoßen von Stangen,
ein rauhes Kommando,
sie heben die schlammige
Stacheldrahtreuse.

Kein Königreich,
Ophelia,
wo ein Schrei
das Wasser höhlt,
ein Zauber
die Kugel
am Weidenblatt zersplittern läßt.

Unterm Sternbild des Hercules

Eine Ortschaft,
nicht größer
als der Kreis,
den abends am Himmel
der Bussard zieht.

Eine Mauer,
rauh behauen, brandig
von rötlichem Moos.
Ein Glockenton,
der über schimmernde Wasser
den Rauch
der Oliven trägt.
Feuer,
von Halmen genährt
und nassem Laub,
durchweht von Stimmen,
die du nicht kennst.

Schon in die Nacht gebeugt,
ins eisige Geschirr,
schleppt Hercules
die Kettenegge der Sterne
den nördlichen Himmel hinauf.

Ankunft

Männer mit weißen
zerfetzten Schärpen
reiten am Rand des Himmels
den Scheunen zu,
Einkehr suchend
für eine Nacht,
wo die Sibyllen
wohnen im Staub der Sensen.

Grünfüßig
hängt das Teichhuhn
am Pfahl.
Wer wird es rupfen?
Wer zündet im blakenden Nebel
das Feuer an?
Weh der verlorenen
Krone von Ephraim,
der welken Blume
am Messerbalken der Mähmaschine,
der Nacht
auf kalter Tenne.

Ein Huf
schlägt noch die Stunde an.
Und gegen Morgen
am Himmel ein Krähengeschrei.

Exil

Am Abend nahen die Freunde,
die Schatten der Hügel.
Sie treten langsam über die Schwelle,
verdunkeln das Salz,
verdunkeln das Brot
und führen Gespräche mit meinem Schweigen.

Draußen im Ahorn
regt sich der Wind:
Meine Schwester, das Regenwasser
in kalkiger Mulde,
gefangen
blickt sie den Wolken nach.

Geh mit dem Wind,
sagen die Schatten.
Der Sommer legt dir
die eiserne Sichel aufs Herz.
Geh fort, bevor im Ahornblatt
das Stigma des Herbstes brennt.

Sei getreu, sagt der Stein.
Die dämmernde Frühe
hebt an, wo Licht und Laub
ineinander wohnen
und das Gesicht
in einer Flamme vergeht.

Die Gaukler sind fort. Sie gingen
lautlos dem weißen Wasser nach.
Der Fähnrich und das Mädchen,
der bucklige Händler mit Ketten und Ringen,
sie alle sind fort.
Es blieb der Hügel,
wo sie sich trafen,
die Eiche, mächtig gegabelt,
in grüner Wipfelwildnis.

Mittags,
unter der Wärme des Steins,
hörst du Orgelklänge,
und eine Maske, maulbeerfarben,
weht durchs Gebüsch.

Die Eiche, mächtig gegabelt,
die den Donner barg –
in morscher Kammer des Baums
schlafen die Fledermäuse,
drachenhäutig.
Die hochberühmten Gaukler sind fort.

Venedig im Regen

Noch im Nebel
leuchtet das Gold des Löwen,
das steinerne Laubwerk tropft.
Namen, meergeboren,
wer schrieb sie ins salzige Licht?
Keiner nennt
die große Geduld
der Pfähle.

Auf die Fähre
wartend im Regen,
der Poren
ins Wasser schlägt,
blick ich hinüber
zu den rostigen Schiffen
der Giudecca.

Die Seekarten schweigen.
Es schweigt
die Muschel
am Nacken des Steins.

Subiaco

Stadt,
verschwistert
der heiteren Klarheit der Berge,
am Rand der Felsen der Klosterhimmel.
Unter den schrundigen Stämmen
der Maulbeerbäume im Hof
der harte Glanz einer Schaufel,
er will die Toten ausgraben.

An der weißen Mauer
schreitet der Mönch die Treppe hinauf,
Schweiß sickert durch seine Augenbrauen.

Alles verblaßt in Licht und Hitze,
der grobe Ocker der Wände,
das spröde zerbrechliche Moos auf den Steinen,
das spärliche Grün am Fluß.
Der Glöckner geht in zerrissenen Leinenschuhen,
bald wird der Mittag hallen.

Die Ziege stößt
mit den Hörnern die Sonne fort
und sucht den dünnen Schatten.
Die Schüssel des Pilatus ist ohne Wasser,
er kann seine Hände nicht waschen.

Gezählte Tage

Gezählte Tage, Stimmen, Stimmen,
vorausgesandt durch Sonne und Wind
und im Gefolge rasselnder Blätter,
noch ehe der Fluß
den Nebel speichert im Schilf.

Vergiß die Stadt,
wo unter den Hibiskusbäumen
das Maultier morgens gesattelt wird,
der Gurt gezogen, die Tasche gepackt,
die Frauen stehn am Küchenfeuer,
wenn noch die Brunnen im Regen schlafen.
Vergiß den Weg,
betäubt vom Duft des Pfeifenstrauchs,
die schmale Tür,
wo unter der Matte der Schlüssel liegt.

Zwei Schatten,
Rücken an Rücken,
zwei Männer warten im frostigen Gras.
Stunde,
die nicht mehr deine Stunde ist,
Stimmen,
vorausgesandt durch Nebel und Wind.

Die Wasseramsel

Könnte ich stürzen
heller hinab
ins fließende Dunkel

um mir ein Wort zu fischen,

wie diese Wasseramsel
durch Erlenzweige,
die ihre Nahrung

vom steinigen Grund des Flusses holt.

Goldwäscher, Fischer,
stellt eure Geräte fort.
Der scheue Vogel

will seine Arbeit lautlos verrichten.

Ölbaum und Weide

Im schroffen Anstieg brüchiger Terrassen
dort oben der Ölbaum,
am Mauerrand
der Geist der Steine,
noch immer
die leichte Brandung
von grauem Silber in der Luft,
wenn Wind die blasse Unterseite
des Laubs nach oben kehrt.

Der Abend wirft sein Fangnetz ins Gezweig.
Die Urne aus Licht
versinkt im Meer.
Es ankern Schatten in der Bucht.

Sie kommen wieder, verschwimmend im Nebel,
durchtränkt
vom Schilfdunst märkischer Wiesen,
die wendischen Weidenmütter,
die warzigen Alten
mit klaffender Brust,
am Rand der Teiche,
der dunkeläugig verschlossenen Wasser,
die Füße in die Erde grabend,
die mein Gedächtnis ist.

Middleham Castle

Vertraut mit den Gewohnheiten großer Wälder,
das Jahr streift in den Farben des Eichelhähers
die schmerzliche Helle erstarrter Äste,
das Winterhaar des Hirsches klebt an der Rinde,
die Kälber stehen abends dicht gedrängt,
sich wärmend an der Wolke des eigenen Atems,
zieh ich mit Stricken und Pferden die Stämme
den Ginsterhügel hinauf nach Middleham Castle.

Dies will ich bezeugen, beim Herdfeuer hier.
Im Mond sah ich den hinkenden Schatten
des Königs, Gloster ging um, in Rot gekleidet,
den schmutzigen Zobel über dem Buckel,
das kurze Schwert am Gürtel. Er kroch
durch mächtige Wurzeln der Eiche in die Erde.
Dort lag ein Klumpen geronnenen Bluts,
aus dem er Ketten und Ringe zerrte.

In Nächten langer Helle
steht er im brüchigen Schatten
des Faulbaums an der Mauer,
die weißen Schwalben
nisten in seinem Zimmer.

Er stieg aus seiner Grube,
gräserstill,
die Wolfsmilch ätzte seine Spur.
Hornissen schwärmten,
der Überfall von Blüten
konnt ihn nicht ersticken.

Wurmstichig ist sein Fuß.
Die Steine schleifend,
geht Gloster zu den Ställen.
Die Doggen senken ihren Kopf
dem Peitschenhieb entgegen.

Knechte sind wir
und fürchten sein Messer,
liegt auch sein Schädel,
von vielen Wintern kahlgepickt,
tief in der Erde.

Macbeth

Mit Hexen redete ich,
in welcher Sprache,
ich weiß es nicht mehr.

Aufgesprengt
die Tore des Himmels,
freigelassen der Geist,
in Windwirbeln
das Gelichter der Heide.

Am Meer
die schmutzigen Zehen des Schnees,
hier wartet einer
mit Händen ohne Haut.
Ich wollt, meine Mutter
hätt mich erstickt.

Aus den Ställen des Winds
wird er kommen,
wo die alten Frauen
das Futter häckseln.

Argwohn mein Helm,
ich häng ihn
ins Gebälk der Nacht.

Odysseus und die Circe

Mit einem Topf,
von Feuer berußt,
das reine Wasser aus dem Bach
zu schöpfen,
ist eine Kunst.
Nimm doch den Helm ab,
Odysseus.

So höhnte die Stimme
der Circe in heißer Luft.
Ich nahm den Helm ab,
da war kein Wasser.

Ich lag in der Hitze
verbrannten Grases,
den Gaumen trocken,
die Haut riß
über den Backenknochen.

Am Mittag,
bei heller Stirn der Berge,
die enge Schlucht. Ich stieg hinab,
den Felsenschutt im Nacken,
Steine fielen
an meinem Kopf vorbei.

Ausgesetzt der hallenden Öde,
hörte ich die Mittagsstimme:
Wenn du im Herzen
die Wahrheit bewegst,

die Lüge bewegst,
die List,
erschlagen dich die Steine.

Eingeklemmt
in narbigen Fels,
mit nassem Rücken,
die Knöchel zerschunden,
schmeckte ich die grillige Stimme
und sah im Dunst des Steinschlags
die Augen einer Quelle.

Undine

Mit dem Jahr wächst das Schilf
und die bräunlichen Kolben
brechen wollig auf.

Der Fischer, der morgens
durchs Wasser watet,
schiebt den teerigen Kahn
an meiner Schulter vorbei.

Eine Legende bin ich,
ein Wasser grau bewegt,
in dem die Reusen
und Blätter schwimmen.

In Wurzelkörben
unterwaschener Weiden
schwankt mit dem Laich
der Fische mein Schmuck,
vom Maul der Hechte bewacht.

Wenn die Libellen
im Sommer das Licht vergittern,
das unbewegliche Licht
von Rohr und Wasser,
lieg ich im Kerker des Sees.

Die Rohrdommel steht,
ein Weidenpfahl,
im sickernden Grün der Algen.
Und hinter Nebelwolken der Mond,
eine graue Hornissenwabe.

Die Nachbarn

Für Hermann Kesten

Die Ruhe des Stroms,
das Feuer der Erde,
die leere Finsternis des Himmels
sind meine gefährlichen Nachbarn.

Der Reiher kann sich von vielen Seen
das seichte schilfige Wasser wählen,
wo er mit jähem Stoß
die Beute greift und tötet.

Nicht kann das Wasser
den Reiher wählen.
Geduldig trägt es die Furcht der Fische,
den heiseren Schrei des hungrigen Vogels.

Wasser und Reiher,
beide sind Nachbarn
von hohen Erlen,
von Rohr und Fröschen.

Geknetet in Gleichmut,
essen die Menschen, meine Nachbarn,
täglich ihr Brot.
Keiner will Asche sein.

Keinem gelingt es,
die Münze zu prägen,
die noch gilt
in eisiger Nacht.

Keine Antwort

Aufs schwimmende Nebelhaupt
der Eiche
setzt sich die Krähe.
Der Katzenbalken ist leer.

Schatten von dürrem
Weingerank
an der Zimmerdecke.
Zeichen,
von eines Mandarinen Hand
geschrieben.

Das Alphabet,
das du besitzt,
reicht nicht aus,
Antwort zu geben
der wehrlosen Schrift.

Schnee

Dem Gedächtnis
Hans Henny Jahnns

Der Schnee treibt,
das große Schleppnetz des Himmels,
es wird die Toten nicht fangen.

Der Schnee wechselt
sein Lager.
Er stäubt von Ast zu Ast.

Die blauen Schatten
der Füchse lauern
im Hinterhalt. Sie wittern

die weiße
Kehle der Einsamkeit.

Die Engel

Ein Rauch,
ein Schatten steht auf,
geht durch das Zimmer,
wo eine Greisin,
den Gänseflügel
in schwacher Hand,
den Sims des Ofens fegt.
Ein Feuer brennt.
Gedenke meiner,
flüstert der Staub.

Novembernebel, Regen, Regen
und Katzenschlaf.
Der Himmel schwarz
und schlammig über dem Fluß.
Aus klaffender Leere fließt die Zeit,
fließt über die Flossen
und Kiemen der Fische
und über die eisigen Augen
der Engel,
die niederfahren hinter der dünnen Dämmerung,
mit rußigen Schwingen zu den Töchtern Kains.

Ein Rauch,
ein Schatten steht auf,
geht durch das Zimmer.
Ein Feuer brennt.
Gedenke meiner,
flüstert der Staub.

Aristeas

Die erste Frühe,
als im Gewölk das Gold
der Toten lag. Es schlief der Wind,
wo im Geäst
die nebelgefiederte Krähe saß.

Der Vogel flog,
sein Fittich schlug das Licht
im Erlengrau,
die milchige Haut der Steppe.

Ich, Aristeas,
als Krähe einem Gott gefolgt,
ich schweife,
vom Traum gerissen,
durch Lorbeerhaine des Nebels,
mit starrem Flügel den Morgen suchend.
Ich spähte
in schneeverkrustete Höhlen,
Gesichter, einäugig, feuerbeschienen,
versanken im Rauch.
Und Pferde standen, vereist die Mähnen,
an Pflöcke gefesselt mit Riemen aus Ruß.

Die Krähe strich
ins winterliche Tor,
strich durch verhungertes Gesträuch.
Frost stäubte auf.
Und eine dürre Zunge sprach:
Hier ist das Vergangene ohne Schmerz.

Abschied von den Hirten

Nun da du gehst
vergiß die felsenkühle Nacht,
vergiß die Hirten,
sie bogen dem Widder den Hals zurück
und eine graubehaarte Hand
stieß ihm das Messer in die Kehle.

Im Nebelgewoge
schwimmt wieder das Licht
der ersten Schöpfung. Und unter der Tanne
der nicht zu Ende
geschlagene Kreis aus Nadeln und Nässe.
Dies ist dein Zeichen. Vergiß die Hirten.

Unter der blanken Hacke des Monds
werde ich sterben,
ohne das Alphabet der Blitze
gelernt zu haben.

Im Wasserzeichen der Nacht
die Kindheit der Mythen,
nicht zu entziffern.

Unwissend
stürz ich hinab,
zu den Knochen der Füchse geworfen.

Die Reise

Für Marie Luise Kaschnitz

Eines Abends
im späten November flacher Seen
trat aus dem Regengeräusch ein Mann.
Wir nahmen den Pfad durchs hohe Rohr.
Es wehte kühl an meine Schläfen,
als ging ich
zwischen den Mähnen zweier Pferde.
Sie trugen
in Säcken aus Nebel
mein Gepäck,
das leichter war als der Nachtwind
über dem Schilf.

Nicht der Fährtenkundige,
der noch im Geröll
das Wasser und die Taube findet,
der Schwache
mit schwärender Schulter führte mich,
wo an den Pfählen
der weiße Rauch
ins Dickicht eiserner Disteln zog.

Die Ordnung der Gewitter

Die verbissene Ordnung der Gewitter,
eines zieht herauf
von den südlichen Havelseen,
schlagend eine wüste Schneise
durch Dörfer und Wälder,
das andere zögert, am Wind sich stauend,
stürzt jäh mit heftigen Hagelschauern
über die Hügel von Saarmund.
Beide treffen über meinem Dach zusammen.

Die Posaunen verscharrt
in finsteren Wolken,
durch Regenfluten rollt der Donner,
die Ulme,
wassergewaltig,
zittert in schwarzen Lachen des Himmels,
von Blitzen durchquert.

Die verbissene Ordnung des Landes.
Das Aufbegehren und die Macht.
Die Ohnmacht und die Kälte der Blitze.
Nicht reinigt der Regen die Atmosphäre.

Waschtag

Die Eimer drämmern
aufs Pflaster, ich schütte
die Lauge aus,
das trübe Wasser
vertaner Zeit.
Ich spanne die Leine
von Baum zu Baum.

Ein schwarzer SIS mit weißen Gardinen
rollt suchend die Straße hinab
und hält vor meiner Tür.

Eine Granne,
nicht zugeweht
vom Sommer,
stachelt sich fest
in meiner Kehle.

Meinungen

Die Leute sagen im Ort:
Drei Kieselsteine,
vor eine Straßenwalze
geworfen.

Die Freunde sagen:
Tauwetter kommt
und legen beschneite Mäntel ab.

Einer, für Jahre
eingesessen in Bautzen,
stellt sich ans Fenster und liest.

Bald füllt sich das Zimmer
mit jungen und alten Stimmen,
mit Tabak und Asche,
mit Hoffnung und Zweifel.

Die Katzen,
die hinter der Tür
auf der Treppe dämmern,
sind weise und schweigen.

Pe-Lo-Thien

Laß mich bleiben
im weißen Gehölz,
Verwalter des Windes
und der Wolken. Erhell
die Gedanken einsamer Felsen.

Aus eisigen Wassern
tauchen die Tage auf,
störrisch und blind.
Mit geschundenen Masken
suchen sie frierend
das dünne Reisigfeuer
des Verfemten,
der hinter der Mauer lebt
mit seinen Kranichen und Katzen.

Am Tage meines Fortgehns
entweichen die Dohlen
durchs glitzernde Netz der Mücken.

Am Acker klebt
der Rauch des Güterzuges,
der Himmel regenzwirnig,
dann grau gewalkt,
ein schweres Tuch,
niedergezogen
von der nassen Fahrspur.

Namen,
vernarbt und überwuchert
von neuen Zellen,
wie die verzerrte Schrift
im Baum –
ein eisiger Hauch
fegt über die Tenne der Worte.
Die Mittagsdistel erlosch
im heuigen Licht der Scheune.

Die leichte Dünung
wehender Gräser
verebbt an den Steinen.
Gealtert
geht das Jahr
mit stumpfer Axt, ein Tagelöhner,
auf den Spuren des Dachses
über die Hügel davon.
Die Leere saust
in den lehmigen Löchern
der Uferschwalben.

Hubertusweg

Märzmitternacht, sagte der Gärtner,
wir kamen vom Bahnhof
und sahen das Schlußlicht des späten Zuges
im Nebel erlöschen. Einer ging hinter uns,
wir sprachen vom Wetter.
Der Wind wirft Regen
aufs Eis der Teiche,
langsam dreht sich das Jahr ins Licht.

Und in der Nacht
das Sausen in den Schlüssellöchern.
Die Wut des Halms
zerreißt die Erde.
Und gegen Morgen wühlt
das Licht das Dunkel auf.
Die Kiefern harken Nebel von den Fenstern.

Dort unten steht,
armselig wie abgestandener Tabakrauch,
mein Nachbar, mein Schatten
auf der Spur meiner Füße, verlaß ich das Haus.
Mißmutig gähnend
im stäubenden Regen der kahlen Bäume
bastelt er heute am rostigen Maschendraht.
Was fällt für ihn ab, schreibt er die Fahndung
ins blaue Oktavheft, die Autonummern meiner Freunde,
die leicht verwundbare Straße belauernd,
die Konterbande,
verbotene Bücher,
Brosamen für die Eingeweide,

versteckt im Mantelfutter.
Ein schwaches Feuer nähre mit einem Ast.

Ich bin nicht gekommen,
das Dunkel aufzuwühlen.
Nicht streuen will ich vor die Schwelle
die Asche meiner Verse,
den Eintritt böser Geister zu bannen.

An diesem Morgen
mit nassem Nebel
auf sächsisch-preußischer Montur,
verlöschenden Lampen an der Grenze,
der Staat die Hacke,
das Volk die Distel,
steig ich wie immer
die altersschwache Treppe hinunter.

Vor der Keilschrift von Ras Schamra
seh ich im Zimmer meinen Sohn
den ugaritischen Text entziffern,
die Umklammerung
von Traum und Leben,
den friedlichen Feldzug des Königs Keret.

Am siebenten Tag,
wie IL der Gott verkündet,
kam heiße Luft und trank die Brunnen aus,
die Hunde heulten,
die Esel schrieen laut vor Durst.
Und ohne Sturmbock ergab sich eine Stadt.

Unkraut

Auch jetzt, wo der Putz sich beult
und von der Mauer des Hauses blättert,
die Metastasen des Mörtels
in breiten Strängen sichtbar werden,
will ich mit bloßem Finger
nicht schreiben in die porige Wand
die Namen meiner Feinde.

Der rieselnde Schutt ernährt das Unkraut,
Brennesseln, kalkig blaß,
wuchern am rissigen Rand der Terrasse.
Die Kohlenträger, die mich abends
heimlich mit Koks versorgen,
die Körbe schleppen zur Kellerschütte,
sind unachtsam, sie treten
die Nachtkerzen nieder.
Ich richte sie wieder auf.

Willkommen sind Gäste,
die Unkraut lieben,
die nicht scheuen den Steinpfad,
vom Gras überwachsen.
Es kommen keine.

Es kommen Kohlenträger,
sie schütten aus schmutzigen Körben
die schwarze kantige Trauer
der Erde in meinen Keller.

Das Gericht

Nicht dafür geboren,
unter den Fittichen der Gewalt zu leben,
nahm ich die Unschuld des Schuldigen an.

Gerechtfertigt
durch das Recht der Stärke,
saß der Richter an seinem Tisch,
unwirsch blätternd in meinen Akten.

Nicht gewillt,
um Milde zu bitten,
stand ich vor den Schranken,
in der Maske des untergehenden Monds.

Wandanstarrend
sah ich den Reiter, ein dunkler Wind
verband ihm die Augen,
die Sporen der Disteln klirrten.
Er hetzte unter Erlen den Fluß hinauf.

Nicht jeder geht aufrecht
durch die Furt der Zeiten.
Vielen reißt das Wasser
die Steine unter den Füßen fort.

Wandanstarrend,
nicht fähig,
den blutigen Dunst
noch Morgenröte zu nennen,
hörte ich den Richter

das Urteil sprechen,
zerbrochene Sätze aus vergilbten Papieren.
Er schlug den Aktendeckel zu.

Unergründlich,
was sein Gesicht bewegte.
Ich blickte ihn an
und sah seine Ohnmacht.
Die Kälte schnitt in meine Zähne.

IV

Gedichte aus den Jahren 1973-1977

Der Holunder öffnet die Monde,
alles geht ins Schweigen hinüber,
die fließenden Lichter im Bach,
das durch Wasser getriebene
Planetarium des Archimedes,
astronomische Zeichen,
in den Anfängen babylonisch.

Sohn,
kleiner Sohn Enkidu,
du verließest deine Mutter, die Gazelle,
deinen Vater, den Wildesel,
um mit der Hure nach Uruk zu gehen.
Die milchtragenden Ziegen flohen.
Es verdorrte die Steppe.

Hinter dem Stadttor
mit den sieben Eisenriegeln
unterwies dich Gilgamesch,
der Grenzgänger zwischen Himmel und Erde,
die Stricke des Todes zu durchhauen.

Finster brannte der Mittag auf dem Ziegelwerk,
finster lag das Gold in der Kammer des Königs.
Kehre um, Enkidu.
Was schenkte dir Gilgamesch?
Das schöne Haupt der Gazelle versank.
Der Staub schlug deine Knochen.

Der Ammoniter

Überdrüssig der Götter und ihrer Feuer
lebte ich ohne Gesetz
in der Senke des Tales Hinnom.
Mich verließen die alten Begleiter,
das Gleichgewicht von Erde und Himmel,
nur der Widder, die Moderhinke
schleifend über die Sterne, blieb mir treu.
Unter seinem Gehörn aus Stein,
das rauchlos glänzte, schlief ich nachts,
brannte Urnen jeden Tag,
die ich abends vor der Sonne
am Felsen zerschlug.
Nicht sah ich in den Zedern
die Katzendämmerung, den Aufflug des Vogels,
die Herrlichkeit des Wassers,
das über meine Arme rann,
wenn ich im Bottich schlämmte den Ton.
Der Geruch des Todes machte mich blind.

Das Grab des Odysseus

Niemand wird finden
das Grab des Odysseus,
kein Spatenstich
den krustigen Helm
im Dunst versteinerter Knochen.

Such nicht die Höhle,
wo unter die Erde hinab
ein wehender Ruß, ein Schatten nur,
vom Pech der Fackel versehrt,
zu seinen toten Gefährten ging,
die Hände hebend waffenlos,
bespritzt mit dem Blut geschlachteter Schafe.

Mein ist alles, sagte der Staub,
das Grab der Sonne hinter der Wüste,
die Riffe voller Wassergetöse,
der endlose Mittag, der immer noch warnt
den Seeräubersohn aus Ithaka,
das Steuerruder, schartig vom Salz,
die Karten und Schiffskataloge
des alten Homer.

Pfeilspitze des Ada

Bewohner der kahlen Berge,
Nachzügler, Zelte, flatternd und finster,
unduldsam der Tod,
als stürze er von der Sonne hinab
in gleißende Ziegelscherben.

Sandkauend, in Stößen
und Wirbeln der Wind,
der heiß durch die Disteln fegt.
Eselfarben die Mauer,
lehmrissig,
der Mann, der sich nähert,
geht ohne Schatten.

Einst fliege ich auf
zu den Gazellen des Lichts,
sagt eine Stimme.

Begegnung

Für Michael Hamburger

Schleiereule,
Tochter des Schnees,
dem Nachtwind unterworfen,

doch Wurzeln fassend
mit den Krallen
im modrig grindigen Gemäuer,

Schnabelgesicht
mit runden Augen,
herzstarre Maske
aus Federn weißen Feuers,
das weder Zeit noch Raum berührt,

kalt weht die Nacht
ans alte Gehöft,
im Vorhof fahles Gelichter,
Schlitten, Gepäck, verschneite Laternen,

in den Töpfen Tod,
in den Krügen Gift,
das Testament an den Balken genagelt.

Das Verborgene unter
den Klauen der Felsen,
die Öffnung in die Nacht,
die Todesangst
wie stechendes Salz ins Fleisch gelegt.

Laßt uns niederfahren
in der Sprache der Engel
zu den zerbrochenen Ziegeln Babels.

Jan-Felix Caerdal

Für Günter Eich

Am Ende der Öde
sah ich die große Eskorte,
das Banner zerfetzt, die Trommel durchlöchert,
die Sänfte,
von acht zerlumpten Knechten getragen,
war leer.

Einem Toten,
die Arme zerbrachen wie trockene Äste,
gelang im Sturz der Stirnaufschlag.

Ich, der Bretone,
mit meerdurchsickerten Schuhen
und einem Hemd aus Nebel
über dem Sonnengeflecht,

ich, der Nachzügler,
der einst
Geschmeide wie Ähren auflas,
im Licht der Messe versank,

ging nun voran
mit leeren Händen
und einer Rinne Salz im Gesicht.

In memoriam Günter Eich

Hinfließen wird der Himmel,
aber wir werden dem Schnee,
der ins schwarze Wasser sinkt,
kein Tedeum mehr sprechen.

Ein verwüstetes Haus zwischen Himmel und Erde.
Im Torweg die Kröte,
noch immer
die goldene Krone auf dem Kopf.

Friede

Zugzeiten der Vögel.
In den stachligen
Grannen gedroschener Ähren
wohnt noch die milde Leere des Sommers.
In den Schießscharten des Wasserturms
wuchert das Gras.

Schottischer Sommer

»What seemed corporal melted
as breath into the wind«
Shakespeare, Macbeth

Schottischer Sommer,
unter der Eiche
zopftrocken
sitzend die Weiber aus Cawdor,
manche verborgen im Licht der Wolken,
abgeblühte Nesseln im Sand.
Über die Felsen herab
Trompetenstöße, ein Klirren
wühlt die Brandung auf.

Nebel, der sie erzeugte,
bald ist es Winter,
dünnes, nie ruhendes Holz,
der Schnee fegt hin und her
und stäubt die Öde an.

Dürr und düster
vor der goldenen Nacht des Abends
hocken sie auf zerrissenen Fellen.
Wenn der Mond
die Zeiger verrückt am Turm,
starren sie mit erloschenen Augen.
Unbewohnbar die Trauer,
die an den Klippen verebbt.

In Bud

Nachts
das trockene Husten den Flur entlang,
ich öffne die Tür
und atme den Netzgeruch des Alten,
der unter den Klippen blieb.

Die See schreibt
in der Schrift der Algen
die letzte Seite des Logbuchs
auf salzige Felsen –
verleugne die Heimkehr,
sei unterwegs
auf Meeren mit stürzendem Himmelsstrich,
wo jeder Name verlorengeht.

Die neunte Stunde

Die Hitze sticht in den Stein
das Wort des Propheten.
Ein Mann steigt mühsam
den Hügel hinauf,
in seiner Hirtentasche
die neunte Stunde,
den Nagel und den Hammer.

Der trockene Glanz der Ziegenherde
reißt in der Luft
und fällt als Zunder hinter den Horizont.

Blick aus dem Winterfenster

Kopfweiden, schneeumtanzt,
Besen, die den Nebel fegen.
Holz und Unglück
wachsen über Nacht.
Mein Meßgerät
die Fieberkurve.

Wer geht dort ohne Licht
und ohne Mund,
schleift übers Eis
das Tellereisen?

Die Wahrsager des Waldes,
die Füchse mit schlechtem Gebiß
sitzen abseits im Dunkel
und starren ins Feuer.

Entzauberung

In die Scheunenwand
zeichnet die Nässe
den verfemten König.

Er geht in der Kälte
durchlöcherter Zäune
den lehmigen Feldweg hinunter.
Er zieht am Geschirr
die Maultierstute
mit Körben bepackt, mit Kesseln und Töpfen,
und schwindet im Regen
am Mittelgraben hinter den Weiden.

Es ist Itau,
der Zigeuner, vergangenen Sommer
lag er am Vorwerk im groben Stroh
der rostigen Dreschmaschine.

Die Frau des Pächters erzählt,
sie habe ihn im späten Oktober
am Rand der Brache gesehn.
Er ging im Kreis
und schlug in die Luft das Zeichen,
ein Feuer fuhr aus der Erde,
das ohne Rauch
mit finsterer Flamme versank.

In Wahrheit
zog Itau, der Zigeuner,
im hellen Juli
durchs Bischofslila der Disteln
für immer fort.

Ein Toscaner

Ist es die Stunde,
das Silber von den Dächern zu nehmen,
den Tau von den Blättern des Ölbaums zu schütteln?

Hinfällig
wie der Staub auf vergilbten Manuskripten
ist mein Leben geworden.

Nicht überschreite
die Säulen des Hercules.
Der Tod, der mürrische Maultiertreiber,

ich sah ihn gestern abend am Stall,
umschwirrt von Bremsen,
er weiß den Weg.

Bald deckt
das schwarze Profil der Berge
den Weinstock und die Brunnen zu.

Rom

Vollendeter Sommer,
am äußersten Rand der Sonne
beginnt schon die Finsternis.
Lorbeerverwilderungen,
dahinter aus Disteln und Steinen
ein Versteck,
das sich der Stimme
verweigert.

Transparenz
des Mittagslichtes,
Verse, die an nichts erinnern,
ein helles Wasser
berührt den Mund.

NICHTS zu berichten.
Das Einhorn ging fort
und ruht im Gedächtnis der Wälder,

in den Kammern des Mohns,
wenn die Äbtissin Sonne und Mond
den Toten gibt.

Der Herbst lichtet sich,
verliert sein Gedächtnis
in der Blutspur der Buche.

Was bleibt, ist nicht mehr
als der schwarze Draht in der Luft,
der zwei Stimmen vereinigt.

In der weißen Abtei des Winters
ein lautloser Flügelschlag.
Im Namen dessen –
bis ans Ende der Tage.

Im Kun-lun-Gebirge

Steig nicht hinauf
ins öde Kun-lun-Gebirge.
Du zahlst an den Pässen
den Geistern Tribut.

Schneemassen verfinstern den Himmel.
Über den Eschen
fliegt ein Falke im Aufwind und schreit.
Er rüttelt und stürzt in die Dunkelheit,
wo die zerspellte Fichte
lautlos im Schnee versinkt.

Vier Tage unterwegs auf steilem Pfad,
der zwischen Felsen und trocknen Tamarisken
sich hochzieht im Kun-lun-Gebirge.

Schneenarben an den Felsen,
Schriftzeichen, nicht zu entziffern.

Und immer die dünne harsche Musik,
die finster das Ohr besetzt.

Und nirgends am Weg die elendste Hütte
aus rohen Fichtenstämmen,
wo man auf nacktem Stroh
sein Haupt betten kann.

Ich irrte umher in schneegreller Nacht
und schlief im grauen Felsenschutt
vor einem Abgrund ein.

In kalter Frühe,
in weißer leuchtender Schneeluft
stieg ich in ein Tal hinab
und folgte der Spur eines Fuchses.

Sie führte zu einem alten Maulbeerbaum
mit einem dünnen Riß in der Rinde.

Ich öffnete die Rindentür
und stieg in den Baum.
Die Tür fiel raschelnd zu.

Unbeweglich saß ich in der Höhle.
Geister, aus der Materie des wehenden Schnees,
besuchten mich nachts
mit Gonggetöse und Trommellärm.

Ich schluckte Wind und Tau
und wagte kaum zu atmen.

Oder sie raunten magische Sprüche,
sie rührten mich an,
ich spürte sie, wir saßen Knie an Knie.
Ich lebte in dunkler Ungewißheit.

Manchmal wähnte ich nachts eine Horde
schneepflückender Wesen zu sehen.
Ich griff in die Luft und fing die Kälte.

Hier im hohlen Leib des Baums
überlebte ich die zähe
verzögerte Kälte des Frühjahrs,
hörte nachts die dünne Geistermusik
und fand am Morgen einen Vorrat
von harten Kernen verdichteten Lebens.

Ich schloß die Augen, meditierte,
sah durch die Rinde die Welt
und fühlte mich schuldig.

Ich schloß die Augen
und sah die hellfarbenen Pflugochsen
über die Frühlingsfelder schreiten.

Ich hörte das dumpfe Brüllen und schüttelte
den nassen Lehm aus den Haaren.

Ich schloß die Augen
und sah die Tochter des Salzhändlers
mit silberner Sichel
das Laub vom Maulbeerbaum schneiden.

Sie trug im Korb
das Seidenraupenfutter in die Kammer.

Ich schloß die Augen,
es kamen zwei Knechte,
sie legten die Säge an den Baum
und töteten mich.

Todtmoos

In Todtmoos
sah ich in weißer leuchtender Schneeluft
schneepflückende Wesen fliegen.
Ich griff in den Flockenfall
und fing nur Kälte.

Schneenarben an den Felsen,
Wegzeichen wohin? Schriftzeichen,
nicht zu entziffern.

Der Fremde geht davon
und hat den Stempel
aus Regen und Moos
noch rasch der Mauer aufgedrückt.
Eine Haselnuß im Geröll
blickt ihm mit weißem Auge nach.

Jahreszeiten, Mißgeschicke, Nekrologe –
unbekümmert geht der Fremde davon.

Anhang

Nachwort zur Ausgabe 1973

1

Die Daten vom äußeren Leben des Dichters Peter Huchel sind leicht notiert.

Am 3. April 1973 wird er 70 Jahre alt – Peter Huchel, den man zu den bedeutendsten deutschen Lyrikern der Gegenwart zählt, und neben ihm nennt man noch seine Zeitgenossen Paul Celan, Günter Eich, Karl Krolow und Ingeborg Bachmann: sämtlich jünger als er, und zwei von ihnen Genossen zwar der Zeit, nicht aber mehr des Lebens.

Geboren ist er am 3. April 1903 in Berlin-Lichterfelde. Er wuchs auf in der Mark Brandenburg, auf dem Hof seines Großvaters in Alt-Langerwisch. Besuchte in Potsdam das Gymnasium. Studierte Literatur und Philosophie in Berlin, Freiburg/Br. und Wien. Veröffentlichte Gedichte seit 1924: in Paul Westheims *Kunstblättern*, in Willy Haas' *Literarischer Welt*, in der *Kolonne*. Längere Reiseaufenthalte in Frankreich, auf dem Balkan. 1941 wurde er Soldat, 1945 kam er zurück aus sowjetischer Kriegsgefangenschaft und übernahm das Amt des künstlerischen Direktors des Berliner Rundfunks (bis 1948). Ab 1949 ist er Chefredakteur der von Johannes R. Becher und Paul Wiegler gegründeten, von der Ostberliner Akademie der Künste herausgegebenen Literaturzeitschrift »Sinn und Form«, und er machte sie zur bedeutendsten Literaturrevue der beiden Deutschland – »so etwas wie das geheime Journal der Nation« (Walter Jens). 1962 mußte er aufgeben. Der erzwungene Abschied wurde zur Demonstration,

wurde von Huchel in dem letzten von ihm redigierten Heft derart inszeniert, daß daraus schon heute ein Stück zeitgenössischer Literaturgeschichte geworden ist:
Als Eröffnung: Brechts Rede »Über die Widerstandskraft der Vernunft«. Als Finale: sechs Gedichte Huchels (darunter »Der Garten des Theophrast« und »Winterpsalm«). Zwischen diesen Positionen: Beiträge von Paul Celan und Günter Eich, Jewtuschenko (»Babij Jar«), Isaak Babel, von Sartre und Aragon, Hans Mayer, Werner Krauss und Ernst Fischer.
9 Jahre lebte er isoliert in Wilhelmshorst bei Potsdam.
1971 gelingt – mit diskreter Hilfe des PEN und der Akademien der Künste in der Bundesrepublik und West-Berlin – endlich die Übersiedlung in den Westen.
Die Villa Massimo beherbergt Huchel als Ehrengast.
Heute lebt er in der Nähe von Freiburg im Breisgau.
Ein Leben in der Engführung des Einzelgängers, ohne spektakuläre Aktionen des äußeren Glanzes, der geschäftigen Beweglichkeit, kein Auftrieb durch Umtriebe. An äußeren Ehrungen hat es gleichwohl diesem Leben, dessen Summe in drei schmalen Gedichtbänden niedergelegt ist, nicht gefehlt:

1932: Lyrikpreis der *Kolonne*
1949: Mitglied des PEN
1951: Nationalpreis der DDR (III. Klasse)
1955: Theodor-Fontane-Preis (Ost)
1957: Ordentliches Mitglied der Freien Akademie der Künste, Hamburg (1959: Plakette dieser Akademie; 1963: Ehrenmitgliedschaft)
1963: Theodor-Fontane-Preis (West) (Berliner Kunstpreis für Literatur)
1965: Preis der Jungen Generation, Hamburg

1966: Ordentliches Mitglied der Akademie der Künste, West-Berlin

1968: Großer Kunstpreis des Landes Nordrhein-Westfalen

1970: Ordentliches Mitglied der Akademie der Schönen Künste, München.

1971: Johann-Heinrich-Merck-Preis für Literarische Kritik der Darmstädter Akademie
Ordentliches Mitglied der Akademie für Sprache und Dichtung, Darmstadt
Ehrengast der Villa Massimo, Rom

1972: Österreichischer Staatspreis für europäische Literatur
Arbeitsstipendium des Berliner Kunstpreises für Literatur

2

Der Dichter Peter Huchel ist der Lyriker Peter Huchel. Seine wenigen Prosa-Arbeiten, seine wenigen Hörspiele nehmen (anders als bei seinem Jugendfreund Günter Eich, anders als bei Ingeborg Bachmann) nur eine periphere Position in seinem Werk ein.

Es gibt kaum Äußerungen von ihm über ihn. Er hat eine Zeitschrift gemacht, 14 Jahre lang (und man kann bei Hans Mayer nachlesen, mit Hilfe welcher Qualitäten er sie zu der großen Zeitschrift gemacht hat, die sie einmal war: dank Sensibilität und dank Strenge, und einsam entscheidend mit der Autorität dessen, der seiner Sache sicher ist); und er hat Gedichte gemacht. Sein Lebenslauf aus dem Jahre 1931 »Europa Neunzehnhunderttraurig« ist eine seiner kargen Selbstäußerungen, im übrigen gilt: Der »Text will für sich selber stehen und sich nach Möglichkeit behaupten gegen seine Interpreten, gegen etwaige Spekulationen, Erhellungen und Biographismen« (so Huchel zu seinem »Winterpsalm«, in *Doppelinterpretationen*, hg. von Hilde Domin, 1966). Womit er freilich, so fährt er fort, dem Interpreten nicht das Recht abspricht, »mit legitimen Mitteln den Text zu deuten und dessen einzelne Schichten aufzudecken«.

Zu solchen legitimen Mitteln gehört die Aufdeckung von Einfluß, Berührung und Verwandtschaft, von Tradition und Nachwirkung – freilich, dergleichen bringt oft nicht viel ein. Die Literaturkritik kennt zwei Huchel gewidmete Topoi: Er sei als ein Vertreter der sog. Naturdichtung zu bezeichnen; und: Es sei ein beharrlich weitergegebenes Mißverständnis, Huchel als Vertreter der sog. Naturdichtung zu bezeichnen. Mit beiden Feststellungen hat es – das ist im Bereich der Literaturkritik möglich – seine Richtigkeit.

Die naturlyrische Schule, deren Haupt in Deutschland der Lehrer und Dichter Wilhelm Lehmann war (gest. 1968), empfindet Natur nicht als Metapher und Szene, sondern sie macht sie zum eigentlichen Daseinsraum, empfindet sie als beseelt von Göttern, Halbgöttern und irdischen Wesen, strebt nahezu ein Aufgehen des Lebendigen in ihr als einer Wirklichkeit über Raum und Zeit an. Das Tellurische und Mineralische, das Pflanzen- und Tierwesen, das Lunarische und das Elementarische erscheinen als des Menschen eigentliches Element, aus dem er kam, in das er geht. Solcher Art des Dichtens und Denkens haben sich einige der bedeutendsten unserer Lyriker gelegentlich oder dauernd, locker oder intensiv verbunden gefühlt: so Günter Eich und Elisabeth Langgässer, Oskar Loerke und Oda Schaefer, Karl Krolow und Hans Henny Jahnn – und auch Huchel gehört in diesen Zusammenhang. Damit aber ist er nicht aufgeschlüsselt, und wenngleich von jedem Dichter, der Anspruch erhebt, gehört zu werden, erwartet werden kann, daß er ein Eigener ist, so ist doch von Huchel zu sagen, daß er ein Eigener immer in ganz besonders eigentümlichem Maße gewesen ist. Natürlich hat er Einflüsse aufgenommen, hat gelernt und sich bewegen lassen. Er hat die Dichtung und die Geschichte studiert, und das Reservoir seiner Verse ist der große Raum seines Gedächtnisses (s. das Augustinus-Motto zu seinem zweiten Gedichtband, S. 55), ist das Bewußtsein, in einem großen, wenngleich ständig gefährdeten Bildungs-Zusammenhang zu stehen. Aber er hat nie Moden mitgemacht – hat allenfalls Mode gemacht. Er versagt sich den Pathos-Schrei seiner expressionistischen Generationsgenossen, sein Leiden ist leise; und so fehlt ihm auch die Naturverzückung, die zur Verschwisterung mit den Elementen des Botanischen und Zoologischen drängt, und er spürt nicht den Trieb, aufzugehen in magischer und mystischer Verbindung mit den Göttern der Pflanzen und Libellen, der Kräuter und der Seen. Die Natur mit ihren Einfachheiten ist ihm von Anfang an nicht die Welt, aber die selbstverständliche Umwelt; und was geschah, das geschah innerhalb ihrer und wurde, genau und ohne Schwärmerei beobachtet, Teil des Gedichtes, das sich der eigenen Person in ihrer Herkunft zu vergewissern suchte.

Diese Phase in Huchels Dichten, die etwa die Jahre 1925 bis 1935 einnahm, ist in dieser Auswahl vertreten vor allem durch die Beispiele aus der ersten Abteilung der ersten Gedichtsammlung von 1948 (S. 7 bis 56).

Von Beginn an ist für ihn Natur kein *locus amoenus*, nicht Maienlust und Winterbehaglichkeit, Herbstesfülle und Sommerlicht, und nicht beseelter Mythenspielraum, sondern sie ist gewissermaßen naturgegeben, ist der Raum, in dem Leben geschieht, wertfrei fast. Klingt es einmal frohgemut, klingt es seltsam daneben:

»Knaben, schön ist das Leben,
wenn es noch stark ist und gut.
Seht, wie die Lerchen schweben
spät in der Abendglut.«

(»Sommerabend«, und der letzte Vers lautet dann auch: »bald ist der Sommer vorbei.«)

Wenn ein Gedicht Günter Eichs einsetzt: »Wer möchte leben ohne den Trost der Bäume!«, so wäre der frühe Huchel gewiß gleicher Meinung gewesen, aber sein anfangs ungebrochenes, fast vertrauliches Verhältnis zur Natur hätte vermutlich solche Anrufung als Stilisierung empfunden, die aus der Natur herausführt. Natur, das ist Erde, Baum, Wasser, Wind, Feuer, ist Kälte und ist Wärme, ist nicht böse noch gut, nicht Trost noch Entmutigung, sondern Herkunft und (so degeneriert das Wort auch klingen mag) Heimat. »Natur«, das ist auch die soziale Umwelt, einfache Tiere und einfache Menschen, Katze und Ziege, Magd und Schnitter, Kesselflicker, Ziegelstreicher und Hirt; ist einfaches Gerät: Sense, Kiepe und Kummet. Ein Dichter der Provinz, in solchem Sinne »provinziell« (stellte Peter Hamm zu Recht fest). Selbst wenn Frankreich, selbst wenn der Balkan das Motiv liefert.

Natur als Heimat – das freilich bleibt sie nicht. Die Entwicklung des Lyrikers Huchel (»Entwicklung« ist ein peinliches Wort, es hat etwas von Ermutigung und Anerkennung an sich und deutet hin auf ideale Ziele – hier ist es lediglich gemeint im Sinne von »Prozeß«) verleibt die Natur und ihre Elemente ein – um sie auf solche Weise zunehmend zu entsinnlichen. Sie wird zum Bild, wird zum Zeichen, wird zur Chiffre. Auch auf dieser Stufe (sie führt über den zweiten Band *Chausseen Chausseen* hin zu dem letzterschienenen *Gezählte Tage*) keine Moralisierung und Dämonisierung von Pflanze, Vogel und Eis, wohl aber ihre Nutzung zum Zwecke der Vermittlung finaler Phasen: Versteinerung, Verkrustung, Verkarstung, Vereisung.

Novembernebel, Regen, Regen
und Katzenschlaf.
Der Himmel schwarz
und schlammig über dem Fluß.

Natur also nicht als Gegenposition menschengeschaffener Kultur. Natur nicht als mythisches Äquivalent des Individuums, nicht als das Szenarium halb menschlicher, halb göttlicher Triebmächte – sondern Natur als *nature morte*, Natur als Sigle der Erstarrung, als Signal des Verstummens. Nicht Kulisse der Stimmung, sondern Materie der Entsprechung. Natur, die sich vor sich selbst zurückzieht, in sich selbst einnebelt und verfrostet – als Entsprechung von Endzeitgedanken.

Aber auch da ist Landschaft, wo Huchel Zeit als Gegenwart erlebt, wo er das Aktuelle, das Politische in die Dimension des Geschichtlichen steigert: in den Gedichten »Deutschland«, »Rückzug«, »Griechischer Morgen« der Sammlung von 1948; im »Bericht des Pfarrers vom Untergang seiner Gemeinde«, im

»Treck« oder im »Winterquartier« (aus dem Band *Chausseen Chausseen*): auch hier ist Natur, auch hier gibt es die Elemente in Formation und Deformation: Terre des Hommes.
Freilich sind es andere Stimmen als die der Naturlyriker, die durch diese Verse hindurchklingen in Klage, Verzweiflung und Anklage: Stimmen der Gryphius und Hölderlin, Trakl und Brecht.

3

Willy Haas, der die Qualität schon der frühen Verse Huchels spontan erkannte und ihn konsequent förderte, charakterisiert seine Dichtung als »bemerkenswert durch ihre vollkommene gegenseitige Durchdringung von Geist und Materie« (1968) – ein Urteil, das für alle Strophen Huchels gilt. Die künstlerischen Mittel, kraft derer eine solche Durchdringung erreicht wird, sind herkömmlicher Art. Das Ergebnis ist es nicht.
Es beginnt mit der regelmäßig gebauten Strophe, sie ist gebunden durch den Reim, das Prinzip des antwortenden Vertrauens. Ja selbst die ebenso ehrwürdige wie ehrgeizige Kunstform des Sonetts findet sich gelegentlich (»Frühe« und »Wiepersdorf«, in der Sammlung von 1948); und zuweilen auch Kurzformen, die an die poetische Präzision von Haiku-Gebilden erinnern, Welt *in nuce* (z.B. »Unter der Kiefer«, »Auffliegende Schwäne« oder »Hinter den Ziegelöfen«, aus dem *Chausseen*-Band). Der Weg vom ersten zum zweiten, vom zweiten zum dritten Gedichtband ist auch der Weg von der geschlossenen Form zur offenen, ja aufgerissenen, die Strophe wird zum unregelmäßigen Ge-

bilde, wird gebrochen und ruhelos, und der Bestand der gereimten Verse (Ingo Seidler hat das nachgerechnet) sinkt von einst (fast) 100 Prozent über weniger als 25 Prozent bis auf null Prozent. Damit geht in eins die Entwicklung, will sagen Funktionsveränderung von Huchels poetischem Grundinstrument: des Bildes. Einst freigebig benutzt in der Form des vergleichenden »wie«-Satzes, wird es nunmehr – vor allem in der Wucher-Form der Genitiv-Metapher (»Schultertuch der Nacht«, »Schlangen des Abends«, »Das glühende Eisen der Morgenröte« usf.) – bis zur Unfaßbarkeit konzentriert, wird es in Raffung und Knappung zur Sigle verkürzt, zur Chiffre abstrahiert; wird zum geheimen Erkennungszeichen im Bereich des syntaktisch nicht mehr Formulierbaren – niemandem gesagt, nur dem Weisen. Solche Verdichtung ins Zeichen ist – als Kapitulation vor der mittelnden Kraft der Worte – Ausdruck schmerzender Betroffenheit, die als Gewißheit nur mehr die der Ohnmacht kennt und die immer wieder ihre Fragen stellt in dem Bewußtsein, ja zur Bestätigung der Antwortlosigkeit. Notwendig ist solche Energie des Reduzierens verbunden mit einem Verlust an Sinnenhaftigkeit, mit einem Abbau des Narrativen, mit dem Verzicht auf balladeske Elemente, die sich in Huchels früher Lyrik sehr wohl finden (so z. B. »Bartok«, oder die »Alte Feuerstelle«, oder »Die Hirtenstrophe« in der Sammlung von 1948; so »Wei Dun und die alten Meister«, die »Münze aus Bir el Abbas« oder der »Bericht des Pfarrers« aus den *Chausseen*); notwendig ist solches Reduzieren erkauft mit dem Verzicht auf die sentenzartige oder epigrammatische Zuspitzung, die – gelegentlich mit hoffnungsvollem

Aufblick – als Coda manches frühe Gedicht endet (so »Dezember«, »Havelnacht«, »Zwölf Nächte«, »Deutschland III« im ersten Gedichtband; so die »Münze aus Bir el Abbas«, »Die Spindel« oder »In memoriam Paul Eluard« in den *Chausseen*).

Die Last der extremen Kondensation, der radikalen Spiritualisierung hat vor allem das *Bild* zu tragen. Einst war ihm die Aufgabe anvertraut, auch das Körperlose anschaulich zu machen. Jetzt hat es die Pflicht, das Angeschaute zu spiritualisieren. Einst Garten, Kamille, Amsel und Blumenstrauß; einst braune Kastanienbälle, und der Fisch, hell hinterm Röhricht springend (oder in der Kanne): mit allen Sinnen erfaßte Natur, lebende, bewegte Bilder; keine Idylle, aber doch eine Art von Einverständnis der Natur des Menschen mit der Natur um den Menschen bezeugend – das alles ist später dahin, und die große Erstarrung schlägt sich nieder in Fels und Meer, in Nebel, Asche, Staub, Kalk, Eis, Schilf, – diese Zentralchiffren überziehen die Landschaft des Leids, der Antwortlosigkeit:

> Das Alphabet,
> das du besitzt,
> reicht nicht aus,
> Antwort zu geben
> der wehrlosen Schrift.

(»Keine Antwort«, aus den *Gezählten Tagen*)

Das Jahr ist Winter, der Tag ist Nacht, die Luft ist Regen, die Sonne ist staubig, der Vogel die Krähe, die Erde Sand, der Sand Öde:

> Ich bette mich ein
> in die eisige Mulde meiner Jahre.
> Ich spalte Holz,

das zähe splittrige Holz der Einsamkeit.
Und siedle mich an
im Netz der Spinnen,
die noch die Öde des Schuppens vermehren,
im Kiengeruch
gestapelter Zacken,
das Beil in der Hand.

(»April 63«, aus den *Gezählten Tagen*)

»An taube Ohren der Geschlechter« richtet der Dichter sein Wort.

Und nicht erforscht wird werden
Ein Geschlecht,
Eifrig bemüht,
Sich zu vernichten.

(»Psalm«, aus *Chausseen Chausseen*)

Zwar Sinn und Form. Aber Sinn nicht gleich Sinngebung, Form nicht gleich Gliederung und Maß. Sondern geronnene Sprache als Zähler, Erzähler stehender Zeit, unter deren gleichbleibendem Gesetz die Stunden verrinnen. Die letzten Gedichte Huchels, Zeugnisse der totalen Isolation in den Jahren 1963 bis 1971, sind hörbarer noch als die früheren ein Umschlag ins Schweigen.

Atmet noch schwach,
Durch die Kehle des Schilfrohrs,
Der vereiste Fluß?

(»Winterpsalm«, aus *Chausseen Chausseen*)

Ein Schweigen, dessen Partner die tote Natur sind und das Gedächtnis des einst Lebendigen: Odysseus und Macbeth, Alkaios und Undine. Vergangenes aufgearbeitet in Gegenwart, aufgehoben in ihr, die sich kundtut in den Schatten von Spitzeln und Häschern:

Ein schwarzer SIS mit weißen Gardinen
rollt suchend die Straße hinab
und hält vor meiner Tür.

(»Waschtag«, aus den *Gezählten Tagen*).

Als wäre dies schon zuviel der fatalen Realität des Aktuellen, verdinglicht sich in der nächsten Strophe sogleich das Schicksal des solchermaßen Gefangenen, Ersticken als Chiffre, lautlose Klage des Wildes im Tellereisen:

Eine Granne,
nicht zugeweht
vom Sommer,
stachelt sich fest
in meiner Kehle.

Huchel hat den Eliotschen »sense of past«, seine Traditionsverhaftung verfügt mit selbstverständlicher Gebärde über die alten Namen und Begriffe, die Taten und Täter – und wohin er sieht, offenbart sich ihm, was der Prediger Salomo gesehen. Huchel ist kein Prediger. Seinen Beruf faßte man einst unter dem Begriff des »Sängers«. Dieser hier, behaust in der Zone des Schmerzes, singt »mit einer Distel im Mund«.

Zu dieser Auswahl (1973)

Die Gedichte des mit 1 bezeichneten Teils: 1925-1947 entsprechen der Textfassung des Bandes *Die Sternenreuse*, R. Piper & Co. Verlag, München 1967.
Dieser Band ist eine revidierte Fassung der Sammlung *Gedichte*, die 1948 im Aufbau-Verlag Berlin (Ost) und (unverändert) 1949 im Stahlberg Verlag Karlsruhe herauskam.
Da Arbeiten über Huchel oft im unklaren sind (und lassen) über die Zahl und Fassungen seiner Gedichte, sei hier auf die Unterschiede der beiden Editionen dieses Bandes von 1948/49 und 1967 kurz eingegangen.
1. Die Reihung der Gedichte wurde 1967 (leicht) verändert.
2. Die Ausgabe 1948/49 enthält insgesamt 54 Titel.
3. Die Ausgabe 1967 (*Sternenreuse*) enthält insgesamt 51 Titel.
4. Die Differenz erklärt sich daraus, daß
a) 6 Titel der Ausgabe 1948/49 in der *Sternenreuse* fehlen: »Sommerabend«, »Winternebel«, »Ostern in Alt-Langerwisch«, »Das Himmelsfenster«, »Der Hafen«, »In memoriam Hans A. Joachim«; und daß
b) die *Sternenreuse* anderseits um 3 Titel vermehrt ist, die in der Ausgabe 1948/49 fehlen: »Caputher Heuweg«, »Damals«, »Lenz«.
Von diesen 3 Gedichten sind wiederum 2 auch in den Sammelband *Chausseen Chausseen* eingegangen, der zeitlich vor der *Sternenreuse* erschienen ist (1963), und zwar »Caputher Heuweg« und »Damals«. Da die Gesamtzahl der *Chausseen*-Titel 48 beträgt, von ihnen aber 2 bereits in der *Sternenreuse* abgedruckt waren,

ergibt sich als Summe der beiden ersten von Huchel autorisierten Sammelbände (die Ausgabe 1948/49 bzw. der *Sternenreuse* und dann die der *Chausseen*) eine Zahl von insgesamt 57 plus 46 (statt 48) Titeln = 103 Gedichte.

5. Dazu kommen schließlich die 63 in den *Gezählten Tagen* versammelten Titel. Huchel hat also insgesamt die Zahl von 166 Gedichten in seinen drei Sammelbänden veröffentlicht.

6. Endlich ist der Umstand von Wichtigkeit, daß der Wortlaut einiger Gedichte nicht anders als ihr Umfang in den Fassungen der Sammlung 1948/49 und der *Sternenreuse* erheblich voneinander abweichen. Dies gilt vor allem für die Titel »Deutschland«, »Der Rückzug« und »Heimkehr«. Auch hierauf muß kurz eingegangen werden.

»Deutschland«: gemeinsam ist beiden Fassungen nur der knappe Teil II (in der Ausgabe 1948/49 mit I beziffert). Der Teil I in der *Sternenreuse* (1967) ist Zutat; statt seiner enthält die frühere Sammlung in den Teilen II, III und VI insgesamt 8 weitere Strophen (datiert 1939, 1939, 1947). »Der Rückzug«, ein ausladendes strophisches Gebilde, in dem die Möglichkeiten des politischen, des Zeitgedichts vollkommen verwirklicht scheinen und von dem Hans Egon Holthusen zu Recht vermutet, es gehöre »zu den nicht sehr zahlreichen lyrischen Zeugnissen jener Schreckenszeit, die eine Chance haben, auch vor unseren Enkeln noch zu bestehen« (und das nach Fritz J. Raddatz zu verstehen ist als poetisches Echo »auf Louis Aragons berühmtes Gedicht ›Les Roses et les Lilas‹ aus dem Jahre 1940«). Die Teile I bis III entsprechen in den Sammlungen von 1948/49 und 1967 einander. Danach als Teil IV 1948/49 fünf Strophen, die 1967 fehlen. Teil IV in der Fassung der *Sternenreuse* unterscheidet sich von der früheren Fassung (dort V) durch a) andere Strophen-Zäsuren; durch b) partiell abweichende Formulierungen; durch c) Aufteilung in 4 Strophen (statt in 3 der *Sternenreuse*); und durch e) 8 Plusverse. Teil V der *Sternenreuse*-Fassung besteht aus 2 Strophen, die den ersten beiden Strophen von Teil VI der Fassung 1948/49 gleich sind. Darauf folgen in der früheren Version jedoch noch 13 weitere formal unterschiedliche Strophen. Aus einer von ihnen, die 14 Verse zählt, nimmt Huchel 8 Verse heraus und baut sie als Teil VI in die *Sternenreuse*-Fassung ein. Eine weitere, die 1948/49 viertletzte, wird dann in der *Sternenreuse* zu Teil VII, jedoch mit folgenden Modifizierungen: Sie wird zweigeteilt; Vers 4 und 5 werden umgestellt; nach Vers 1 der (jetzt) zweiten Strophe stehen in der früheren Version 4 nunmehr getilgte Plusverse. – Die beiden letzten Strophen schließlich des früheren Teils VI erscheinen in der *Sternenreuse* unverändert, und zwar als Teil VIII. Das Gedicht »Heimkehr« endlich tilgt in der *Sternenreuse*-Fassung gegenüber der von 1948/49 insgesamt 5 Verse, ändert einen weiteren gänzlich; und ersetzt in einem anderen das Verbum (statt einst »mähen« jetzt: »sammeln«). Diese positivistisch anmutende Aufzählung und Vergleichung hat in sich noch keinen Sinn. Sie will lediglich demonstrieren, will hinweisen und einige Vorarbeit leisten. Schon aus dieser Skizze wird deutlich geworden sein, mit welch hohem Maß an rigoroser Selbstkritik Huchel an seinen Produkten arbeitet, sie modelt und ummodelt, und wer die jeweiligen Stadien des einzelnen Werks angemessen

zu deuten weiß, der weiß mehr über die Eigentümlichkeiten des poetisch Machbaren (und wird weniger von dem »Geheimnis« der Dichtung zu raunen haben).
Huchels Werk liefert in der Tat ein ideales Feld für philologische Exerzitien. In nicht wenigen Fällen bieten sich eine erste und eine zweite Fassung zum Vergleich an, in einigen sind gar drei Stufen der Entstehung zu beobachten (eine erste Zeitschriften-, eine erste und dann eine zweite Sammelband-Fassung), die höchst instruktiven Einblick bieten in das Wesen des dichterischen Schaffensprozesses mit Hilfe dreier möglicher Wandlungen: Änderung des Wortlauts; Tilgung; und Zusätze.
So reizvoll sich dieses Material auch anbot, so verlokkend es für den Herausgeber sein mußte, die Chance zu nützen und etwa mehrere Fassungen parallel abzudrucken: dieses Buch sollte kein Übungsbuch für Literaturwissenschaftler werden. Sondern es will die Summe einer dichterischen Leistung vorführen, soweit diese gegenwärtig einsichtig und übersehbar ist. Im Laufe der Arbeit klärten sich die Prinzipien der Auswahl zunehmend deutlicher heraus: Es sollten nur Gedichte aufgenommen werden, die der Autor selbst in Sammelbänden vorzustellen für angemessen hielt. Und: Sie sollten in der letzterreichbaren authentischen Fassung abgedruckt werden. Das aber bedeutete, daß alle jene Gedichte ausschieden, die, falls bereits vorabgedruckt, nicht auch den Weg gefunden haben in einen der Sammelbände. Wenn demgemäß etwa die Strophen des »Gesetzes« fehlen (die versuchen, die Bodenreform der DDR dichterisch zu erfassen) oder die Verse an Lenin, so war hier nicht Prüderie am Werke oder die an-

maßende Geste eines milden Übersehenwollens. Bestimmend war vielmehr die Vorstellung von einer Ausgabe, die nicht repräsentativ sein wollte für alles und jedes, was der Lyriker Huchel hervorgebracht hat, sondern die sich an jenem Maßstab dichterischer Gültigkeit orientierte, wie er ihn selber durch Auswahl und Änderung geliefert hat. Die zweite Konsequenz einer so gearteten Entscheidung für das Auswählverfahren war: daß *der* Wortlaut gelten sollte, den Huchel durch den jeweils letzten Druck autorisiert hatte. (Von diesem Verfahren wurde nur einmal abgewichen: In dem 1. Vers des Gedichtes »Späte Zeit« habe ich das Substantiv »Boden« der *Sternenreuse*-Fassung ignoriert und zurückgegriffen auf den »Baum« der Fassung von 1948/49 – nicht aus Eigenwillen, sondern aus dem Willen des Metrums.)
Was die *Reihung* der Gedichte anbetrifft, so war auch hier eine Versuchung zu bestehen: die nämlich, die einzelnen Titel systematisch zu gruppieren, geordnet also um Motivkerne. Es hätten dann die verstreuten historischen und mythologischen Figuren zueinander gefunden, es stünde dann die »Hirtenstrophe« und das »Weihnachtslied« der ersten Sammlung neben dem »Dezember 42« aus den *Chausseen*; der »Bericht des Pfarrers vom Untergang seiner Gemeinde« (aus den *Chausseen*) neben dem »Rückzug« (aus der *Sternenreuse*); das Hans Henny Jahnns Gedächtnis gewidmete Gedicht »Schnee« (der *Gezählten Tage*) neben der »Widmung« an ihn (in den *Chausseen*). Auch ein Kompromiß aus zeitlicher und systematischer Gliederung war zu erwägen, wie er etwa von Peter Hamm vorgeschlagen worden ist und sich Gedichttiteln Huchels

phasengerecht zuordnen ließe: »Herkunft« (die Anfänge); »Späte Zeit« (Deutschlands unter dem Nationalsozialismus); »Das Gesetz« (des Aufbaus der DDR); »Winterpsalm« (das in der Trauer auf sich selbst zurückgeworfene Ich).

Die Vorzüge einer solchen Neugruppierung überwiegen indessen schwerlich ihre Mängel, die in der Aufhebung der durch die Entstehung der Sammelbände gezogenen Strukturen liegen. Auch sie sind Bestandteil des gewordenen Werks und als solche nicht ohne Not zu tilgen. So ist es denn geblieben bei einer Aufgliederung in drei große Gruppen, die ihrerseits die drei Bände widerspiegeln.

Nachwort zur Neuausgabe

1 Zu den Daten des äußeren Lebens

Diese Daten seien, schrieb ich 1973, »leicht notiert«. Das meinte nicht: leichthin. Es meinte die bewußte Abseitsstellung des Dichters, das Sichenthalten, was geschäftiges Treiben und spektakuläre Aktionen betrifft. Diesen Daten muß nun das letzte hinzugefügt werden: »Heute lebt er in der Nähe von Freiburg im Breisgau«, hieß es damals. Heute muß es heißen: Dort – in Staufen – starb Huchel am 30. April 1981.

Die Liste der äußeren Ehrungen verlängerte sich in den letzten Jahren eindrucksvoll. Ich erwähne die Wahl in die Friedensklasse des Ordens Pour le Mérite 1976; und unter den Preisen: den Brüsseler Europalia-Preis 1977 (er nannte ihn »seinen bisher schönsten Preis«). Es kamen danach noch der Jacob-Burckhardt-Preis Basel 1978 und der Reinhold-Schneider-Preis der Stadt Freiburg 1980.

Die schönste Ehrung aber hat er nicht mehr erlebt: Die Herausgabe seiner »Gesammelten Werke« in zwei Bänden bei Suhrkamp 1984 durch Axel Vieregg. Der erste Band die Gedichte, der zweite »Vermischte Schriften« enthaltend (das heißt Kleine Prosa; Hörspiele; einige Briefe zum Werk; Interviews).

Jede Beschäftigung mit den Texten Huchels muß seit 1984 ausgehen von dieser großen Edition. Deren Verdienste nur ermessen kann, wer sich der Bedeutung des Satzes bewußt ist, der Viereggs »Editorisches Nachwort« (Band I, S. 357) einleitet: »Peter Huchel hat es den Verwaltern seines literarischen Nachlasses nicht leicht gemacht.« Das betrifft die jeweiligen Fassungen seiner Gedichte, ihre Anordnung, ihre Datierung, die Kargheit der Selbstinterpretation. Auch das nicht leicht zu durchschauende Verhältnis der einzeln erschienenen Gedichtbände zueinander mit ihren Überschneidungen und Wiederholungen (wozu oben S. 165 einiges gesagt ist).

Viereggs Verdienste enden nicht mit der Arbeit am Text, mit der philologisch verläßlichen Edition. Vielmehr hat er in den »Anmerkungen« des Anhangs, wo immer gemäß dem gegenwärtigen Stand unseres Wissens möglich, die so häufig spröde verschlüsselten Verse erhellend kommentiert – die beschwert sind von der Last der Bilder und Symbole, der Zeichen und Reminiszenzen aus dem Fundus antiker und alt-ostasiatischer und theologischer Tradition und zu deren irisierendem Reiz die änigmatische Andeutung, die spielerische Assoziation und das wissende Zitieren gehören: Huchels »Privatmythologie« (Vieregg).

Auch für die Mehrzahl der in unsere Auswahl aufgenommenen Gedichte ist es zum besseren Verstehen unumgänglich, sich aus Viereggs Kommentar Rat zu holen. Des weiteren liefert die Ausgabe eine knappe Charakterisierung des gesamten Werkes von Peter Huchel, darüber hinaus eine ausführliche und exakt notierende Vita (mit deren Hilfe unsere Stichwörter S. 154f. ergänzt werden können) – all dies bezeugt den jahrelangen und vertrauten Umgang mit der Person des Dichters und seinen Texten. Meine hiermit erweitert und ergänzt vorliegende Auswahl ist der Arbeit Viereggs nachhaltig verpflichtet.

2 Zu dieser Auswahl und ihrer Erweiterung

Als 1973 die *Ausgewählten Gedichte* erschienen, gab es Huchels letzten Gedichtband noch nicht: *Die neunte Stunde,* Frankfurt/Main bei Suhrkamp, 1979. Das bedeutet: die vorliegende Neuausgabe verdankt ihren erweiterten Umfang vor allem der Aufnahme von 19 Titeln aus dem insgesamt vierzig Gedichte umfassenden letzten Band.
Darüber hinaus fanden nunmehr noch drei Stücke aus *Chausseen Chausseen* (von 1963), fünf aus der *Sternenreuse* (von 1967) und vier aus den *Gezählten Tagen* (von 1972) zusätzlich Aufnahme. Was dazu führte, daß während der Auswahlarbeit eine triviale Erfahrung sich dringlich wiederholte: der Zweifel an der Verbindlichkeit des elegierenden Verfahrens. Intensiver noch als vor 16 Jahren irritierte der Verdacht, daß nahezu jedes Gedicht auch durch ein anderes, ein benachbartes aus dem gleichen Kontext und der gleichen Phase von Huchels Dichten hätte vertreten sein können. Ein Verdacht, der kompensatorisch zumindest annähernd beschwichtigt wurde durch die Einsicht, die jede nachhaltige Beschäftigung mit Huchels Werk letztlich hinterläßt: die Erfahrung von dessen motivischer Kontinuität, von der Zeitlosigkeit der dieses Dichten und Denken beherrschenden Chiffren. Mag in der Frühzeit die unmittelbare (nicht also die metaphorisch genutzte) Beziehung zur organischen Natur, zu Pflanze und Tier sinnlicher, handfester spürbar sein als in späteren, sich zunehmend der symbolhaften Erhöhung der Worte widmenden Stadien, so bleibt doch grundierend der Orgelpunkt stehen: der Ton der endlosen Trauer über

die große Kälte, über die Hitze des Verdorrens, die Verödung und den steinernen Frost, über Verfall und Verwesung und den das Menschenwesen stigmatisierenden Mangel der sinngebenden Signale. Unauslöschlich der Zweifel an der Lesbarkeit der Welt. Der Gesang dieses Lebens ist einer der stummen Klage, des Leidens unter dem Gesetz der Verdammung des erlösungsbedürftigen Menschen zur Unerlösbarkeit. Trauer, die nicht Halt bietet, in der sich einzurichten verwehrt ist: »Unbewohnbar die Trauer, / die an den Klippen verebbt« (»Schottischer Sommer«, S. 138).

Es kann nicht überraschen, daß in dem Alterswerk der *Neunten Stunde* – dessen Titel, dem gleichnamigen Gedicht entnommen, Christi Passion, seinen Todesschrei und das Zerreißen des Tempelvorhangs auffängt und ins Visionäre transponiert – die alten Motive dunkler noch getönt, vorherrschender noch instrumentiert sind als in dem vorausgehenden Werk. »Resignatio ist keine schöne Landschaft«, notierte sich einst der junge Gottfried Keller während der Arbeit an seinem *Grünen Heinrich* auf dem Löschblatt. Resignatio ist die Landschaft, in deren Formationen sich Huchels Verse von früh an entfalteten und darin sich die Frage nach ihrer ästhetischen Funktion nicht mehr stellt. In der Spätphase ist ihre dunkle Tönung dominant geworden. Wo aber sie Milde auszuströmen scheint und Ruhe, handelt es sich um die Gelassenheit eines sich selbst aufgebenden Bewußtseins, dem alles, was Menschenlos bestimmt, entglitten ist in Gleich-Gültigkeit: »Mein ist alles, sagte der Staub« (»Das Grab des Odysseus«, S. 131): *Cinis – et nihil.*

Jenseits solcher gesetzhaften Gebrechlichkeit der

menschlichen Natur und der *vanitas* des Menschenwesens verhält in unwandelbarer Statik die Natur als kosmischer Raum. Nicht der einzelne Baum, nicht die Frucht, die Pflanze – wie oft in ihrer einzigen Art auch besungen oder beschworen von Huchel –, sondern Natur als Elementargesetz, als Kontinuum, unberührbar durch den Menschen, und ihn nicht berührend: »Die See schreibt / in der Schrift der Algen / die letzte Seite des Logbuchs / auf salzige Felsen – / verleugne die Heimkehr, / sei unterwegs / auf Meeren mit stürzendem Himmelsstrich, / wo jeder Name verlorengeht« (»In Bud«, S. 139).
Der Mensch, der Vergeblichkeit ergeben. Was als Spur bleibt, ist ein flüchtiger Einklang mit der unmenschlichen Natur: »Der Fremde geht davon / und hat den Stempel / aus Regen und Moos / noch rasch der Mauer aufgedrückt.« (»Der Fremde geht davon«, S. 150.)

Der Versuch, *quia absurdum* immer wieder unternommen, das Ungesagte und das Unsagbare zu sagen. Sisyphus in dem Glück seines Elends. Die letzten Gedichte lassen die Frage zu, ob über sie hinaus überhaupt noch etwas hätte gesagt werden können, ob hier nicht das Wort an seine letzte Grenze gestoßen ist in seinem störrischen Willen, das Unfaßliche zu fassen.
Das Spiel ist die Kerzen nicht wert: Es ist – natürlich – kein Zufall, daß die große Lyrik deutscher Sprache in diesem Jahrhundert nicht als ein Sang in glaubensfroher Zuversicht tönt: George und Rilke noch im antizipierenden Gestus, dann die dunkle Summe ziehend Gottfried Benn, Ingeborg Bachmann, Paul Celan – und Peter Huchel. Ihre Verse nehmen Not und Wunden, die

Schmerzenslast dieses unseligen Saeculums auf sich – nichts rechtfertigend als des Menschen Bedürfnis, sich seiner selbst zu vergewissern in der großen Ungewißheit, sich zu begreifen im Chaos des Unbegreiflichen. »Das Tröstliche der großen Kunstwerke liegt weniger in dem, was sie aussprechen, als darin, daß es ihnen gelang, dem Dasein sich abzutrotzen. Hoffnung ist am ehesten bei den Trostlosen« (Theodor W. Adorno, *Minima Moralia*).

3 Zur Bibliographie

Bis zum Jahre 1973 grundlegend: die von Hans Mayer herausgegebene Sammlung von Essays und Rezensionen *Über Peter Huchel*, edition suhrkamp 647, Frankfurt am Main 1973.
Seitdem ist eine Fülle von Artikeln, Rezensionen und Glossen erschienen, die sich mit dem Werk und der Person Huchels befassen. Ich erwähne hier als herausragend lediglich: die (aus seiner Dissertation hervorgegangene) Arbeit von Axel Vieregg *Die Lyrik Peter Huchels. Zeichensprache und Privatmythologie*, Berlin 1976; sowie den Sammelband, mit dem Vieregg die Sammlung Hans Mayers fortführt und ergänzt: *Peter Huchel* (suhrkamp taschenbuch [2048] materialien). Diese »Materialien« liefern nach zwei einleitenden kurzen Prosatexten Huchels: aufschlußreiche Artikel zu den kontroversen Positionen Wilhelm Lehmanns und Peter Huchels als »Naturlyriker«;* des weiteren Essays zu Huchels Lyrik »in der literarisch-historischen

* Demgemäß zu ergänzen und zu vertiefen ist, was ich oben S. 156 skizziert habe.

Diskussion«; sodann Einzelinterpretationen von Gedichten; persönliche Erinnerungen; sowie den Abdruck der wichtigsten Rezensionen des letzten Gedichtbandes (*Die neunte Stunde*); auch Wertungen der Tätigkeit des Chefredakteurs von *Sinn und Form*. (Bei welcher Gelegenheit anzumerken ist, daß Vieregg recht getan hat, die Notiz Huchels »Zum Tode Josef Stalins« 1953 lediglich im Anhang von Band II zu zitieren und sie »unberücksichtigt« zu lassen »innerhalb des Werkes«. Denn die »durchaus bekannte, zwar nicht schriftlich, doch durch Lebensentscheidungen widerrufene Äußerung soll nicht verdrängt, doch auch nicht ungerechtfertigtermaßen prononciert werden«, Vieregg, Band II, S. 404.)

Schließlich bringt der Materialien-Band auf den Seiten 326 bis 351 eine ebenso ausführliche wie exakte Bibliographie der Primär- wie der Sekundärliteratur aus der Feder des Herausgebers.

Erwähnt werden soll auch das dem Andenken Peter Huchels gewidmete Jahrbuch, das jährlich anläßlich der Verleihung des von der Regierung des Landes Baden-Württemberg 1984 gestifteten Peter Huchel-Preises im Elster-Verlag, Moos, Baden-Baden erscheint.

Schließlich notiere ich an dieser Stelle noch drei Titel, die, weil in unmittelbarer zeitlicher Nachbarschaft dieser Neuausgabe erschienen, bibliographisch anderwärts noch nicht erfaßt sein können:

Rolf Schneider: »Poet und Chefredakteur«. In: *Süddeutsche Zeitung* vom 19./20. XI. 1988;

Uwe Wittstock: »Ein David, der Goliath ohne Schleuder in Schach hielt«. In: *FAZ-Magazin* vom 16. XII. 1988, S. 48-57;

Fritz J. Raddatz: »Geduckter Mut, stürmische Debatte«. In: *Die Zeit* vom 1. April 1989, Nr. 17, S. 70f. (Kritische Anmerkungen zu dem Reprint der ersten zehn Jahrgänge von *Sinn und Form* 1949-1958, verlegt vom Greno Verlag, Nördlingen 1988).

Corinna Laude danke ich für tätige Mitarbeit und hilfreiche Anregung.

Berlin im Juli 1989 P. W.

Mit freundlicher Genehmigung der betreffenden Verlage sind die Gedichte des ersten Kapitels dem Band *Die Sternenreuse* entnommen, © R. Piper & Co. Verlag, München 1967, die Gedichte des zweiten Kapitels dem Band *Chausseen Chausseen*, © S. Fischer Verlag, Frankfurt am Main 1963, die Gedichte des dritten Kapitels dem Band *Gezählte Tage*, © Suhrkamp Verlag Frankfurt am Main 1972, und die Gedichte des letzten Kapitels dem Band *Die neunte Stunde*, © Suhrkamp Verlag Frankfurt am Main 1979.

Inhalt

I Gedichte aus den Jahren 1925-1947

Kindheit in Alt-Langerwisch 7
Herkunft 9
Wendische Heide 11
Die Magd 12
Der polnische Schnitter 14
Caputher Heuweg 16
Damals 17
Der Knabenteich 18
Oktoberlicht 20
Letzte Fahrt 21
Frühe 23
Sommer 24
Die Hirtenstrophe 25
Dezember 27
Die dritte Nacht April 29
Wilde Kastanie 30
Lenz 31
Alte Feuerstelle 34
Kreuzspinne 36
Havelnacht 37
Die schilfige Nymphe 38
Wintersee 39
Wiepersdorf 40
Späte Zeit 41
Deutschland (I-III) 42
Der Rückzug (I-VIII) 45
Griechischer Morgen 54
Heimkehr 55

II Gedichte aus den Jahren 1948-1962

Das Zeichen 59
Elegie 61
Thrakien 63
Verona 64
San Michele 65
Sibylle des Sommers 66
Momtschil 67
Münze aus Bir El Abbas 68
In der Bretagne 70
Widmung (Bloch) 71
Widmung (Jahnn) 72
Unter der Kiefer 73
Chausseen 74
Bericht des Pfarrers vom Untergang seiner Gemeinde 75
Der Treck 77
Dezember 1942 79
Polybios (I-II) 80
An taube Ohren der Geschlechter 84
Winterpsalm 85
Der Garten des Theophrast 86
Traum im Tellereisen 87
Unter der Wurzel der Distel 88
Psalm 89

III Gedichte aus den Jahren 1963-1972

Ophelia 93
Unterm Sternbild des Hercules 94
Ankunft 95
Exil 96
Die Gaukler sind fort 97
Venedig im Regen 98
Subiaco 99
Gezählte Tage 100
Die Wasseramsel 101
Ölbaum und Weide 102
Middleham Castle 103
Macbeth 105
Odysseus und die Circe 106
Undine 108
Die Nachbarn 109
Keine Antwort 110
Schnee 111
Die Engel 112
Aristeas 113
Abschied von den Hirten 114
Unter der blanken Hacke des Monds 115
Die Reise 116
Die Ordnung der Gewitter 117
Waschtag 118
Meinungen 119
Pe-Lo-Thien 120
Am Tage meines Fortgehns 121
Hubertusweg 122
Unkraut 124
Das Gericht 125

IV Gedichte aus den Jahren 1973-1977

Der Holunder öffnet die Monde 129
Der Ammoniter 130
Das Grab des Odysseus 131
Pfeilspitze des Ada 132
Begegnung 133
Jan-Felix Caerdal 135
In memoriam Günter Eich 136
Friede 137
Schottischer Sommer 138
In Bud 139
Die neunte Stunde 140
Blick aus dem Winterfenster 141
Entzauberung 142
Ein Toscaner 143
Rom 144
Nichts zu berichten 145
Im Kun-lun-Gebirge 146
Todtmoos 149
Der Fremde geht davon 150

Anhang

Nachwort zur Ausgabe 1973 153
Zu dieser Auswahl (1973) 165
Nachwort zur Neuausgabe 171

Suhrkamp Verlag GmbH
Torstraße 44, 10119 Berlin
info@suhrkamp.de
www.suhrkamp.de